UN NOTARIO INSIGNE EN EL MADRID DEL SIGLO XIX

El notario D. Román Gil Masegosa

Primera edición: julio 2022

© Valentín Fernández Camacho

Queda prohibida, salvo excepción prevista en la ley, cualquier forma de reproducción, distribución, comunicación pública y transformación de esta obra sin contar con autorización de los titulares de la propiedad intelectual. La infracción de los derechos mencionados puede ser constitutiva de delito contra la propiedad intelectual (arts. 270 y sgts. código Penal).

UN NOTARIO INSIGNE EN EL MADRID DEL SIGLO XIX

El notario D. Román Gil Masegosa

ÍNDICE

1. INTRODUCCIÓN

2. EL NOTARIO D. ROMÁN GIL MASEGOSA. Su vida a través de los datos de sus testamentos y noticias en prensa.

3. CONCLUSIONES

4. BIBLIOGRAFÍA

5. ANEXOS

1. INTRODUCCIÓN

El notario D. Román Gil Masegosa fue uno de los notarios más importantes del Madrid de mediados y último cuarto del siglo XIX. Sin embargo, no conocemos su vida porque en su tiempo se narrara o participara D. Román en hechos históricos que hayan tenido trascendencia más allá de su muerte. Su vida, desconocida en nuestros tiempos, sin embargo en la época en la que le tocó vivir estuvo plagada de éxitos profesionales y personales. No sabemos bien como llegó a Madrid desde su Almagro natal, aunque una vez en Madrid, es posible rastrear su vida a través de sus diversas facetas profesionales. Así, su vida profesional se inicia a mediados del siglo XIX como juez de primera instancia y escribano, para posteriormente afianzarse como notario. Su labor como notario fue de gran notoriedad, notoriedad que le llevaron a ser el notario de la Excma. Diputación Provincial de Madrid o a recibir la medalla de Isabel la Católica o de Carlos III. Tan sólo los miembros más destacados de la sociedad reciben esta medalla por méritos de indudable importancia para la misma. Además de su labor como notario, desarrolló una amplia labor como prestamista llegando a prestarle dinero al que sería el futuro presidente de gobierno de la monarquía, D. Eduardo Dato, así como a importantes miembros de la nobleza española. Sin duda, era el notario de confianza de altas personalidades del Madrid de su época lo que le llevo a granjearse numerosos amigos y afectos. Junto a todo lo anteriormente dicho, su labor también se extendió a la creación de la Caja Universal de Capitales, sociedad cuyo principal objetivo era la adquisición de Bonos de la Deuda Perpetua del Estado. Igualmente participó como notario en varias sociedades del ferrocarril llegando incluso a participar en el accionariado de alguna mina.

Pero no solo destacaba D. Román en su vida profesional. En su vida personal llegó a estar casado en dos ocasiones, teniendo 12 hijos de sus dos matrimonios. A todos sus hijos les transmitió unos valores tan férreos que a pesar de la diversa situación familiar nunca hubo problemas entre ellos. De igual manera, la educación y el trabajo[1] estaban entre sus máximas, posibilitando que los cuatro hijos varones de su primer matrimonio tuvieran carrera universitaria. Entre esos hijos se encuentra el Dr. Enrique Gil Gómez, médico que desarrolló su carrera profesional en el municipio de Sayalonga (Málaga), y que pasó a la historia en dicha localidad por dar su vida a cambio de salvar la de sus convecinos. En una época de enorme austeridad causada por la plaga de la filoxera, atendió de manera gratuita a todos aquellos vecinos que no pudieron pagarle la iguala[2], gratuidad que hubo de salvar mediante el adelanto que su padre le hizo de parte de su futura herencia. Todos estos datos anteriores se han obtenido, en su mayor parte, de documentos testamentarios que se encuentran en el archivo de Protocolo de la Comunidad de Madrid y que han sido la base fundamental para la realización de este trabajo. Así mismo ha sido muy importante el Archivo de Prensa Histórica del Ministerio de Cultura, así como la tradición oral que nos ha llegado de los familiares de Enrique Gil Gómez, familiares entre los que se encuentra el autor de esta obra.

Sin más, les dejo en la lectura de una obra, que a través de los inventarios testamentarios, es una fiel descripción de la forma de vida del siglo XIX. Así, a través del análisis de los bienes de D. Román, podemos hacernos una idea fiel de como se vivía, vestía y la forma de vida de Madrid en los últimos años del siglo XIX, y aquí es donde estriba el valor de esta obra. Como si se tratara de una descripción de Benito Pérez Galdós, (con mucho menos valor literario, claro está), a través de esta obra nos trasladaremos a una forma de vida que, de esta manera, y de manera muy modesta, se podrá recordar para siempre.

---

1 Muchas de sus acciones se pueden entender relacionadas con valores propios de la masonería. Sin embargo, no tenemos constancia de su pertenencia a la masonería. Sí sabemos, por información solicitada a la Biblioteca Arús, que D. Juan Gil Gómez pertenecía a la misma. Juan Gil Gómez era uno de los hijos de D. Román, puede ser otro Juan Gil pero al menos tenemos la duda razonable de la relación familiar con la misma.
2 Recibo mensual que aseguraba la atención médica

2. EL NOTARIO D. ROMÁN GIL MASEGOSA. Su vida a través de los datos de sus testamentos y noticias en prensa.

Nuestro primer acercamiento a D. Román Gil Masegosa fue una cuestión puramente familiar. Es el tatarabuelo del autor de esta obra. Por esta razón habíamos oído hablar de él, aunque hasta el momento no teníamos ningún dato más allá de que era notario y tenía algún título nobiliario. Una vez que decidimos avanzar en el conocimiento de este familiar, comprendimos que su figura trascendía lo meramente familiar y alcanzaba una relevancia pública que era digna de un estudio más amplio como el que actualmente estamos realizando. Una vez que avanzaba nuestra investigación y obteníamos más datos, comprendíamos la importancia que llegó a tener D. Román en la sociedad de su época. Pero si su vida profesional es digna de un trabajo como este, no son menos interesantes los entresijos de su vida personal. Proveniente de Almagro (Ciudad Real), llega a Madrid donde con los años y tras completar sus estudios contrae matrimonio con una mujer viuda, natural de un pueblo cercano al suyo, Granatula, la cual contaba con un hijo, ya mayor, de su anterior matrimonio. Su primera mujer, Teresa Gómez, le dio cuatro hijos varones y una hija, aunque Teresa fallece dejando a sus hijos solos con su esposo. Este, tras unos años de soledad, contrae matrimonio con María Antonia Abad, también viuda, aunque antes del matrimonio ambos habían tenido varios hijos en común. Estos hijos quedan legalizados con el matrimonio. A través de su testamento conocemos la figura un de D. Román, tremendamente familiar y defensor de la armonía entre todos sus hijos, por lo que no podemos más que pensar que a lo largo de su vida siempre obro de manera justa para todas aquellas personas que vivían a su alrededor.

Como ya hemos dicho anteriormente los datos obtenidos de estas tres fuentes, testamentos, noticias de prensa y trasmisión oral, son los que nos han servido para la realización del presente trabajo. Pasamos a continuación a diseccionar sus testamentos, las noticias de prensa y con ellos la vida de D. Román.

2.1. Testamento de 28 de julio de 1863

El día 28 de julio de 1863, durante la última fase del reinado de Isabel II, ante el notario D. Raymundo Ortiz y Casado, notario del Colegio Territorial de Madrid, comparecieron D. Román Gil y Masegosa, natural de la ciudad de Almagro, en Ciudad Real, y Doña Teresa Gómez y Fernández[3], nacida en Granatula (hoy Granatula de Calatrava), en la misma provincia de Ciudad Real. Ambas localidades se encontraban a tan solo apenas 11 km, por lo cual, se conocerían Román y Teresa de su vida en Ciudad Real. Tenía Román en el año 1863 43 años, por lo cual este dato nos indica su año de nacimiento,1820, al inicio del Trienio Liberal. Era en 1863 D. Román notario público del Distrito de Madrid, siendo hijo de D. Juan Gil y Blanco, difunto en 1863, y Doña Juana Masegosa y Espinosa de los Monteros, la cual todavía seguía con vida en dicho año. La esposa de D. Román, Teresa, era viuda en primeras nupcias de D. Manuel Sánchez de León, y tenía 44 años (nacida en 1819), siendo hija de Don Francisco Gómez y Doña Josefa Fernández, los dos con vida en 1863. Ambos y con la intención de estar preparados cuando llegue su muerte ordenan su testamento en la forma siguiente:

. Ordenan que una vez fallecidos, se coloquen sus cadáveres en los nichos que les corresponden como Mayordomos que eran de las Sacramentales de Santa Cruz, San Millán y San Justo.[4]

---

[3] Tanto Román Gil como Teresa Gómez eran trastarabuelos del autor de este trabajo. Doña Teresa era un año mayor que Don Román.

[4] El Cementerio de la Sacramental de San Justo es uno de los cementerios más bonitos de Madrid. Es propiedad del Arzobispado y entre sus tapias se encuentran enterrados el científico Gregorio Marañón o los poetas José

Consultados los archivos de dicho cementerio nos hacen saber que ya no se encuentran allí los restos de Román y Teresa, por lo que hemos de suponer que fueron retirados pasados unos años, siendo el paradero de sus restos, por tanto, desconocido.

. Ordenan también que desean que su funeral sea el más humilde que se conozca.

. Ordenan que a su fallecimiento se celebren por sus almas y la de sus padres y abuelos 27 misas rezadas.

. Declararon que al casarse formalizaron escrituras de dote y capital que se hallan en los papeles de su familia.

. Declararon de su matrimonio les viven cinco hijos llamados Enrique[5], Josefa, Román, Gonzalo y Juan. Nombra curador de sus hijos a Gonzalo Gil (Hermano de Román) y en falta de este, a su esposa Doña Teresa Gómez.

. Declaran en el testamento que del primer matrimonio tenía Doña Teresa Gómez un hijo llamado Julián Sánchez de León, de 26 años de edad. [6]

. Nombran a Gonzalo Gil y Masegosa[7], vecino de Granada y hermano de Román, así como a D. Eladio Bernáldez y a Domingo Rivera, (ambos abogados del colegio de Madrid) para que hagan la división de los bienes de Gonzalo y Teresa y lo que les pudiera corresponder a sus hijos.

. Fueron testigos de la firma de este testamento Don Félix Ontiveros, Don Ruperto de Diego de Vicente, Don Manuel de las Heras y Martínez, Don José de Benito y Palanco y Don Benito Navarro y Tolosa.

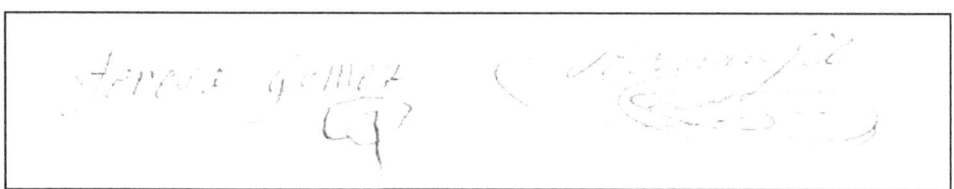

Imagen : *Firmas de Teresa Gómez y Román Gil.*

2.1.2. Testamento de 18 de enero de 1874

El día 18 de enero de 1874 se firmó este testamento ante Don Pablo de la Lastra, notario del colegio de Madrid, con estudio en la calle de la Carreta, 35, 4º2. Se dice en dicho testamento que era Don Román Gil seguidor de la Virgen de las Nieves, patrona de su pueblo. Se establece en dicho testamento:

. Que una vez fallecido se le amortaje de negro y se le de sepultura en uno de los nichos del

---

Espronceda o Manuel Altolaguirre.
[5] Enrique Gil Gómez, mi tatarabuelo.
[6] Teresa Gómez tuvo a su hijo con su anterior esposo con 18 años de edad.
[7] Gonzalo Gil Masegosa en 1889 pertenecía a la Real Sociedad Económica de Amigos del País de Granada siendo socio de número con domicilio en calle Campillo Bajo, 5. Había ingresado en dicha sociedad el día 10 de abril de 1881. Al parecer en su domicilio residió por un tiempo Enrique Gil con anterioridad a su llegada como médico a Sayalonga. De él sabemos gracias a esta investigación que estaba casado con María Ángeles Bocanegra Vargas.

cementerio de San Justo a los que tenía derecho como mayordomo desde 1858.

. Se digan 27 misas rezadas y otras 27 por las ánimas de sus padres, abuelos y su difunto hermano Don Agapito Gil.

. Declara que de su matrimonio con su primera mujer Doña Teresa Gómez Fernández le quedaron y viven cinco hijos llamados por orden de su nacimiento, Enrique (mi tatarabuelo), María Josefa, Román, Gonzalo y Juan Gil y Gómez.

. Declara que se hallaba casado en segundas nupcias canónica y civilmente con Doña María Antonia Abad de cuyo matrimonio tenía tres hijas llamadas por orden de mayor a menor, María de la Misericordia, María de la Purificación y Enriqueta Gil y Abad, nacida la última dentro de matrimonio, y las otras dos antes de él, pero legitimadas por el subsiguiente casamiento.

Imagen: Timbre fiscal de 10 céntimos de peseta con la denominación "Impuesto de Guerra".

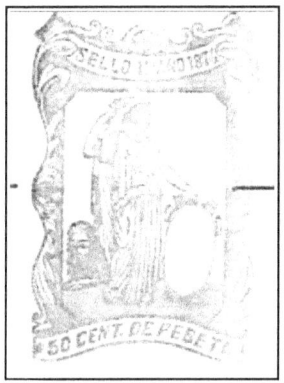

Imagen: **Sello de 50 pesetas con la alegoría republicana.**

. Declara que después del fallecimiento de su primera mujer se practicó el inventario, abalorio división y adjudicación de los bienes, que a la razón existían en la sociedad conyugal, como consta de la escritura formalizada ante el notario de Madrid Don Rafael de las Casas, con fecha 23 de diciembre de 1875. Existía en su poder todo lo adjudicado a sus hijos al no haberse emancipado hasta el día del presente testamento ninguno de ellos.

. También declara que perteneciente a sus primeros cinco hijos de su primer matrimonio, tenía también en su poder la cantidad de 1.750 pesetas (a día de hoy ese patrimonio puede suponer unos 120.000 Euros) o 7.000 reales. Este patrimonio había sido legado por la madre de Don Román, Doña Juana Masegosa. De este importe correspondían 750 pesetas a su hijo mayor Enrique y 250 pesetas a cada uno de los otros cuatro hijos. También recibió ciertos efectos y alhajas que legó su abuela a su nieta Doña María Josefa. Todas estas alhajas están formalizadas ante el notario Don Rafael de las Casas con fecha 29 de julio de 1872, después de contraer su segunda boda.

. Igualmente legó su reloj de bolsillo ancora, con su cadena, a su hijo mayor D. Enrique en memoria de su honrada vida y buenas costumbres.

Imagen: Reloj de bolsillo ancora de época similar al donado.

. A su hija María Josefa le legó su cama dorada con sus colchones, cojinetes, mantas, sábanas y almohadones, puesto que hacía mucho tiempo que se lo había prometido.

. Declara por igual que al morir su primera mujer les adjudicó a sus hijos 101.826 reales. De ellos había un crédito hipotecario que existía contra la casa de la calle Eguiluz, 2, con vuelta a la calle de Don Cipriano, 6. Estas eran dos viviendas que había adquirido habiéndose pagado todos los haberes y obligaciones del estado. Les donó también 25.000 pesetas que había recibido por subvenciones al ferrocarril. También indica que había perdido 2.000 reales por ¼ y ½ de una mina. También les donó once mil y pico reales en ropas. Todo esto se lo donó a sus hijos en vez de darle valores alterables. Estos valores alterables le habían causado un perjuicio de más de 75.000 reales (los reales equivaldrían a 25 cts de pesetas por lo cual habría que dividir las pesetas entre 4). Estos 75.000 reales serían unas por tanto en aquella fecha unas 19.000 pesetas suponiendo estas 19.000 pesetas a día de hoy más de un millón de euros.

. Se sigue diciendo en dicho testamento que tras contraer matrimonio con María Antonia Abad, del que tuvo tres hijas, y que de continuar las cosas según lo dicho en el considerando anterior sufrirían estas tres niñas perjuicios de gran consideración que una recta conciencia no puede admitir según D. Román "sin encargarla ante Dios".

. En el siguiente considerando dice que se ha gastado una suma de consideración en la educación de sus hijos varones, todo lo cual espera que "*estos lo tendrán presente*" y por esta razón no "*les mortificará*" lo que va a disponer cuando según él "*les consta de una manera indudable el cariño que a todos por igual les profesa*". En este párrafo queda claro que tiene el temor que los bienes que les pueda dejar a las hijas de su segunda mujer puedan causar malestar a los hijos de su primera mujer. Sin duda debía ser difícil esta situación para aquellos tiempos aunque es evidente la cautela con la que trató siempre D. Román esta cuestión. De esta manera, le lega a su hija Doña María Josefa Gil 2.000 pesetas y otras 4.000 pesetas a cada una de sus hijas de su segundo matrimonio. Lega también 1.000 pesetas a su hijo varón más pequeño, D. Juan Gil y Gómez.

. Como sus hijos eran todos menores de edad por aquel entonces y según el "no tienen madre" nombró curador de sus bienes a su hermano D. Gonzalo Gil y Masegosa, vecino de Granada, así como a su hijo mayor cuando cumpla la edad de 25 años.

. El siguiente párrafo es de gran interés puesto que dice, que si entre sus papeles "*se encuentra alguna memoria escrita y firmada de su mano*", ordenando que dicha memoria que se protocolice.

. Era D. Román una persona muy preocupada por que sus hijos se llevaran bien entre ellos y a este respecto dice: "*Encargo muy especialmente a mis queridos dos hijos que sean buenos hermanos, que se amen y ayuden mutuamente, sin perder nunca ni por motivo alguno el íntimo y cariñoso trato que debe haber entre personas de tan estrecho y cercano parentesco*". Sigue diciendo, "*igual al que siempre he tenido yo con sus tíos y mis hermanos, entre los cuales solo hubo y hay una sola voluntad, y les pido que se encomienden diariamente a Dios*". Por estas palabras se infiere que era D. Román una persona buena y para el cual, la familia y Dios eran sumamente importantes.

. Sigue diciendo que encomienda a su "*querido hermano*" D. Gonzalo Gil, único hermano que le quedaba, avecindado en la ciudad de Granada, que sí le sobrevive "*esté muy a la mira de que sus tres hijos varones más pequeños terminen sus respectivas carreras para que puedan ser útiles y vivir con el producto de su trabajo*" que según él "e*s lo más noble y lo más honroso, prefiriendo siempre* **la escasez** *y hasta si fuese preciso* **la pobreza** *antes que las riquezas y bienes* **malamente adquiridos**". Era sin duda D. Román una persona con gran claridad de pensamiento a tenor de estas palabras, a la vez que una persona recta en su proceder diario. Este párrafo debería ser leído y servir de referencia a muchas personas de hoy en día que prefieren ser ricos antes que mantener su honor. Sin duda, esta manera de pensar llevó a D. Román a ser merecedor de todos los galardones que recibió a lo largo de su vida.

. En la décimo sexta consideración dice D. Román, que de sus bienes y derechos, acciones y futuras sucesiones, instituye y nombra por sus únicos herederos a sus hijos D. Enrique, Doña María Josefa, Don Román, Don Gonzalo y Don Juan Gil y Gómez, habidos en su primer matrimonio y a los tenidos en el segundo, llamados María de la Misericordia, María de la Purificación y Enriqueta Gil y Abad, para que lo que sea, lo hayan, lleven y hereden libremente.

. En la décimo séptima consideración nombró por sus albaceas, contadores y repartidores, a sus amigos Don Domingo Rivera y Vázquez y D. Eusebio Casares y Castro, abogado y procurador respectivamente del colegio de Madrid y a su hijo Don Enrique Gil y Gómez, licenciado en medicina que vivía entonces en su compañía así como a su hermano Don Gonzalo Gil y Masegosa, propietario y vecino de Granada.

. En este testamento, además, se anulan los testamentos de 9 de agosto de 1855 (ante él mismo) y otro de 23 de julio de 1863 (ante el notario D. Raimundo Ortiz y Casado).

2.1.3. Testamento de Doña María Antonia Abad y Cadenas de 7 de enero de 1876

Este testamento se firma el día 7 de enero de 1876 ante el notario D. Rafael de Casas, compareciendo Doña María Antonia Abad, natural de Madrid, hija legítima de D. Antonio (difunto y natural de Madrid) y Doña Petra (natural de Villarejo de Salvanés, en la Comunidad de Madrid). Tenía 36 años de edad en 1876 (nacida en 1840). Vivía en la Calle del Salvador, 3, 4º principal, con cédula personal nº 7.079 del Distrito Municipal de la Audiencia. Dispone doña María Antonia lo siguiente:

. Es su voluntad dejar a elección de su marido, para cuando ocurra su fallecimiento, el cementerio sagrado en que haya de darle sepultura. Declara que del matrimonio con D. Román Gil tiene como hijos legítimos del mismo a Misericordia, Purificación y Enriqueta Gil y Abad, hallándose actualmente en cinta.

. Nombra por sus herederos universales a sus tres hijas y al hijo o hija que diere a luz. Nombra como albaceas testamentarios a su esposo D. Román Gil y Masegosa y a D. Gonzalo Gil y Masegosa, vecino de Granada. Nombra curador al procurador de los tribunales de la corte Don Eusebio Casas y Castro. Llama como testigos a D. Julián López y López, Don Manuel de la Peña y Don Alberto Rozas, vecinos y residentes de esta capital

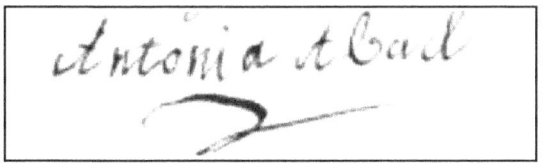

Imagen: *Firma en el testamento de Doña María Antonia Abad.*

2.1.4. Testamento de D. Román Gil y Masegosa. 8 de agosto de 1880. Nº 211

Se firma este testamento por D. Román Gil y Masegosa, del cual se detalla lo siguiente: *"Comendador de la Real Orden Americana de Isabel La Católica, Caballero de la distinguida de Carlos III, Académico de Mérito de la Matritense del Notariado, premiado con la medalla de Honor de la misma, Notario público con residencia en la corte de Madrid·"*. Tenía en 1880 D. Ramón 60 años de edad (nacido en 1820)[8], con cédula personal de cuarta clase expedida por el jefe económico de la provincia de Madrid, con el número 3.710. El fallecimiento de D. Román se produce el día 17 de enero de 1885[9] en su vivienda de la calle del Salvador, principal izquierda. Tras su muerte nace un nuevo hijo llamado Antonio Gil y Abad, habiéndose producido además el fallecimiento de su hijo D. Enrique Gil y Gómez unos meses antes.

El fallecimiento de su hijo Enrique tuvo lugar el día 14 de junio 1884 en el pueblo de Sayalonga, provincia de Málaga, donde se hallaba ejerciendo la profesión de médico. Estaba casado con Doña Rosario García Parra y de este matrimonio dejó tres hijos llamados Doña Mercedes, Doña Elvira y Don Enrique Gil y García, de los cuales el último falleció el siete de agosto de 1885. Estas anteriores eran las características del antiguo régimen demográfico, una alta mortalidad que acabó

---

8   Era D. Román 20 años mayor que su segunda mujer.
9   Su fallecimiento se produce tan solo siete meses después del de su hijo mayor, D. Enrique Gil, por lo que hemos de pensar que su carácter familiar y amante de sus hijos algo tendría que ver con el fatal desenlace.

en apenas un año con la vida del abuelo, el hijo y el nieto. Sin duda, la desgracia se cebó con la familia que pasó por muy malos momentos. Debido a estos sucesos se nombra herederas de D. Enrique a sus dos hijas, Doña Elvira y Doña Mercedes, en representación de su padre. Una vez que haya fallecido D. Román es deseo del mismo que se haga entrega de un retrato de medio cuerpo a su esposa para que lo conserve durante su vida y lo transmita después al hijo o hija que crea conveniente. Además, se constata en su testamento que había aportado al segundo matrimonio cinco bonos del tesoro con valor nominal de 2.500 pesetas. También dona a los hijos del segundo matrimonio dos imposiciones de la Caja Universal de Capitales por importe de 8.500 pesetas. A fecha de hoy en día estos importes supondrían unos 300.000 Euros. En lo que respecta a la Caja Universal de Capitales hay que decir que ocupaba D. Román un cargo en la misma

Como hemos podido comprobar con anterioridad, atesoraba D. Román numerosos galardones y títulos nobiliarios de entre los concedidos en aquella época a las personas más influyentes de la sociedad.

Imagen: *Caja Universal de Capitales. Fuente: El Imparcial*

Imagen: *Decreto de fecha 5 de febrero de 1871 de concesión del título de Caballero de la Real y Distinguida Orden de Carlos III a D. Román Gil Masegosa y otros. El decreto está firmado por el Rey Amadeo de Saboya. Fuente: Archivo Histórico Nacional.*

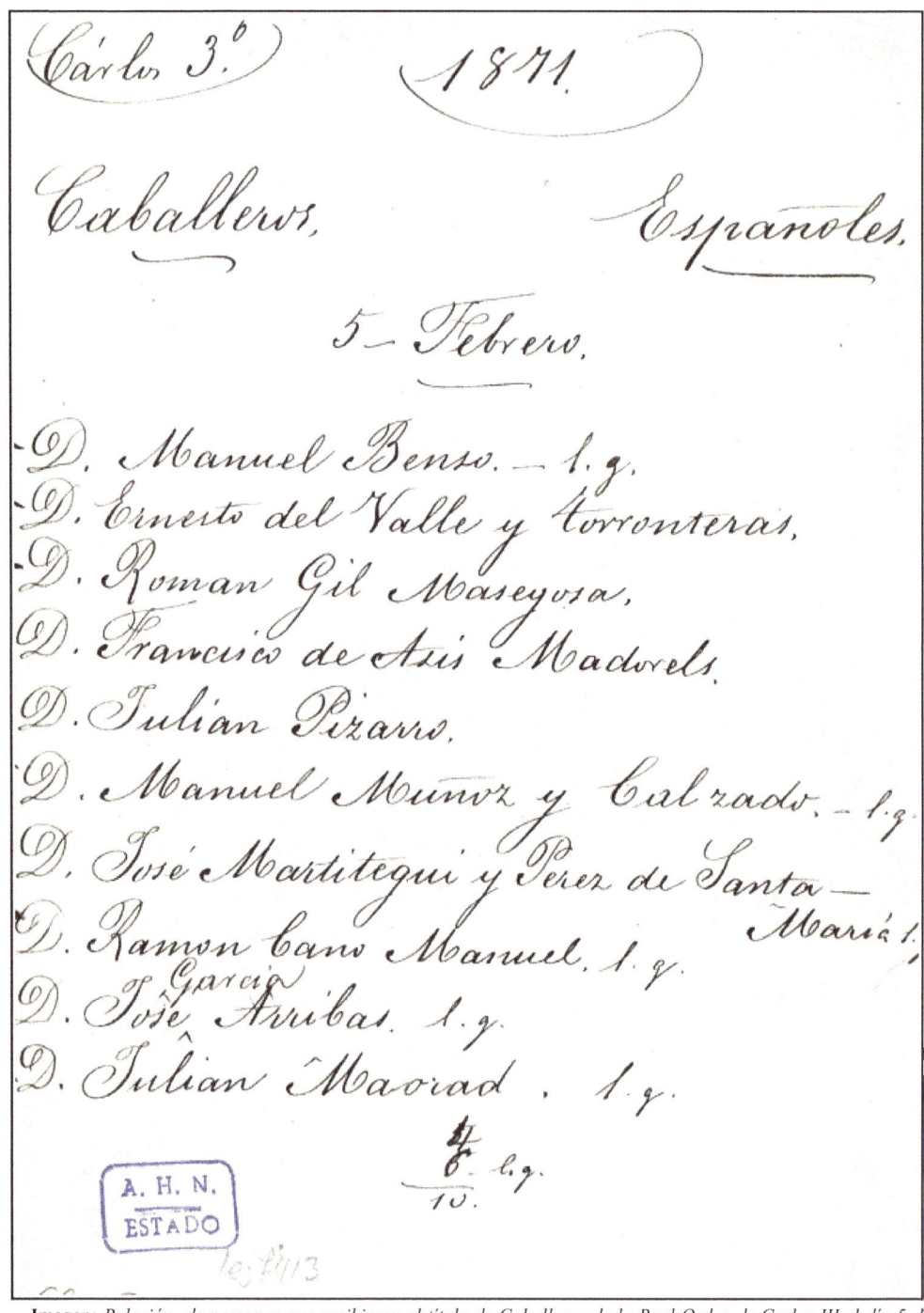

Imagen: *Relación de personas que recibieron el título de Caballeros de la Real Orden de Carlos III el día 5 de febrero de 1871. Fuente: Archivo Histórico Nacional.*

Uno de los títulos nobiliarios más importantes que recibió D. Román fue el de Caballero de la Real Orden de Carlos III. Este título lo recibió de manos del Rey Amadeo de Saboya el día 5 de febrero de 1871, en pleno Sexenio Revolucionario. En los documentos anteriores podemos ver el decreto de concesión. Estos documentos son de una gran importancia para nuestra investigación, documentos que hemos encontrado en el Archivo Histórico Nacional con sede en Madrid. El documento está firmado por el subsecretario del Ministro de Estado en Palermo, el día 5 de febrero de 1871.

Imagen: *Documento de la Tesorería de las Reales Ordenes por el cual se da cuenta del pago de 200 pesetas por parte de D. Román Gil Masegosa como impuesto o tasa a pagar por el título de Caballero de la Real Orden de Carlos III. Fuente: Archivo Histórico Nacional. Legajo 7.413, número 38, año 1871. Caballero.*

Imagen: *Título de Caballero de la Orden Española de Carlos III expedido una semana después del expedido a D. Román Gil. No hemos encontrado el de D. Román, pero sería similar a este que se vende en Todocolección por 125€.*

Imagen: *Medalla de la Orden de Carlos III en oro y esmalte con corona de laurel, anilla y cinta. Como esta tendría una D. Román la cual luciría en recepciones y actos oficiales. Esta medalla está valorada en 1.200 €. Fuente: Áureo y Calicó, Subastas Numismásticas.*

La Real y Distinguida Orden Española de Carlos III fue fundada por el Rey del mismo nombre el 19 de septiembre de 1771, (David Ramírez Jiménez, 2016), en celebridad del felicísimo nacimiento de su nieto el Infante Don Carlos Clemente (Don Carlos, futuro Carlos IV)[10]. Para ello, el monarca fundador tomó como inspiración en la creación de la nueva Orden la que estableció en Nápoles en 1738 bajo la protección de San Jenaro y que vino a celebrar su matrimonio con la Reina María Amalia de Sajonia. Otros caballeros de la Orden de Carlos III fueron Blas de Lezo, Francisco José I de Austria, Pablo Iglesias Turrión, Adolfo Suárez, Mariano Rajoy, Camilo José Cela y otras muchas personalidades españolas y extranjeras ligadas al mundo de la cultura o de la administración.

Imagen: *Nota de prensa en el Diario de Madrid El Imparcial. Año V. Número 1346*

Otro de los títulos que atesoraba D. Román era el de Comendador de la Real Orden Americana de Isabel la Católica (tal y como podemos atestiguar en el testamento del citado D. Román,

---

[10] Carlos IV llevó a cabo una política muy errática que tuvo como colofón su abdicación al trono y el nombramiento de José I, hermano de Napoleón, como Rey de España.

testamento de fecha 8 de agosto de 1880). La Real Orden de Isabel la Católica es una distinción española, creada por el rey Fernando VII el día 14 de marzo de 1815[11], con el nombre de Real y Americana Orden de Isabel la Católica. Esta orden tenía el objetivo de premiar la "*lealtad acrisolada y los méritos contraídos en favor de la prosperidad de aquellos territorios*". Dicha orden fue reorganizada por decreto de 26 de julio de 1847, tomando su nombre actual. Su función es "*premiar aquellos comportamientos extraordinarios de carácter civil, realizados por personas españolas y extranjeras, que redunden en beneficio de la Nación Española con el resto de la Comunidad Internacional*". Esta orden ocupa un lugar de preferencia en el sistema premial español[12], siendo la primera condecoración civil española, situación que se ha mantenido así desde 1840. Hoy en día esta orden es la primera en la jerarquía de las Órdenes civiles españolas, gozando además de un gran prestigio internacional. Su gran maestre es, en la actualidad, el Rey Don Felipe VI, quien ostenta el título de XII Gran Maestre de la Real y Americana Orden de Isabel la Católica. La Orden de Carlos III, a su vez, es la segunda en el escalafón gremial español. Una de las características de los condecorados de esta orden es el privilegio de la utilización de uniforme y placa.

Imagen: *Recorte del testamento de 8 de agosto de 1880 donde se enumeran los méritos de D. Román Gil y Masegosa.*

---

11 Fuente: Wikipedia.
12 Fuente: Alfonso de Ceballos-Escalera y Gila. Vizconde de Ayala. La Real y Americana Orden de Isabel la Católica.

Imagen: *Corbata y venera de comendador de la Real Orden Americana de Isabel la Católica. Fuente: Alfonso de Ceballos-Escalera y Gila.*

Imagen: *Caballero de la Real Orden Americana con uniforme. Fuente: Alfonso de Ceballos-Escalera y Gila.*

Imagen: *Manto ceremonial utilizado por los miembros de la Orden durante el siglo XIX.*

Imagen: *Cruz de la Orden Americana de Isabel la Católica de finales del s. XIX. Fuente: Todocolección.net*

Imagen: *Vestimenta de comendador de la Orden de Isabel la Católica. Año 1870. Fuente: Facebook. Asociación nacional de condecorados con la Orden de Isabel la Católica.*

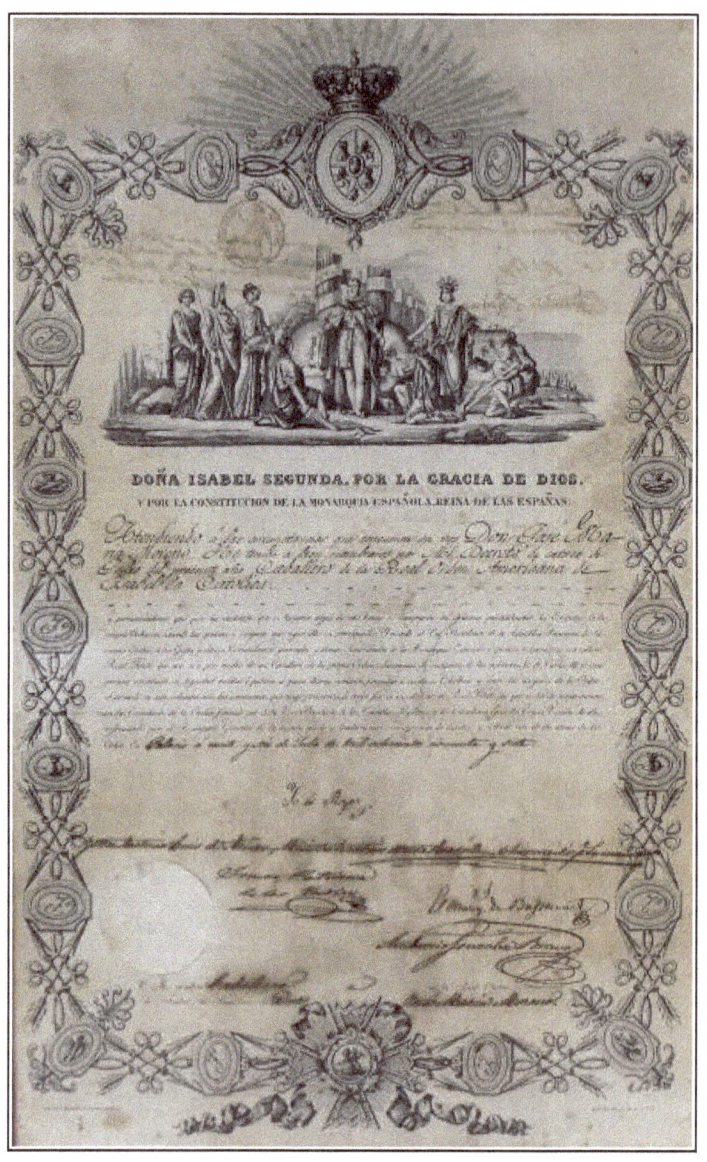

Imagen: *Diploma de época de Isabel II del diploma de la Orden de Isabel la Católica. Fuente: Todocolección.net*

Comendadores de la Orden Americana de Isabel La Católica son entre otros, Salvador Dalí, el músico Andrés Segovia, Don Niceto Alcalá Zamora o el hispanista Paul Preston, entre otros. Hoy en día el Gran Maestre de la Orden del Mérito es su Majestad el Rey, siendo todas las condecoraciones de esta Orden conferidas en su nombre. La Ministra de Asuntos Exteriores, Unión Europea y Cooperación es, a su vez, la Gran Canciller de la Orden, correspondiéndole a la misma elevar a la aprobación del Consejo de Ministros la concesión de los grados de Collar y Gran Cruz, concediendo en nombre de Su Majestad el Rey los grados inferiores.

Otro de los méritos de Don Román era ser Académico de Mérito de la Matritense del Notariado. La Academia Matritense el Notariado se creó a finales de 1858 con el objetivo de oficializar los debates que se venían haciendo para tratar cuestiones jurídicas, políticas y sociales, así como participar en los proyectos legislativos que se anunciaban. Además del objetivo anterior, tenía esta academia el objetivo de participar en el progreso de la profesión o arte que practicaban. A partir de 1862, todos los jueves, los notarios del Colegio de Madrid se reunirían en la Academia. Desde su creación nunca ha cesado esta Academia su actividad. Ya en el siglo XX, se acordó la publicación de una revista, los actuales Anales, con el objetivo de dar publicidad a los trabajos de la Academia. Desde su creación los más brillantes magistrados, catedráticos, notarios, abogados, juristas y estudiosos del derecho y de las Humanidades en general han rivalizado en aportar a la Academia Matritense ciencia y lustre[13]. Dependen, así mismo, de esta Academia la preparación de los opositores a notario.

Imagen: *Salón Académico del Colegio Notarial de Madrid*

Como Académico de Mérito suponemos que Don Román participaría en la organización del programa de actividades así como en las labores consultivas de elaboración de las leyes jurídicas que afectaran a la profesión notarial de su época. La participación en esta academia denota que era una persona cuyo perfil profesional era altamente reconocido entre los notarios de Madrid de finales del siglo XIX.

Otra información de importancia que nos aporta D. Román en su testamento de 1880 es su gran religiosidad haciendo especial referencia a su fervor por la patrona de su pueblo, la Virgen de las Nieves.

Manifiesta en este testamento que de su primera esposa, ya fallecida, ha repartido sus bienes entre sus hijos mayores de edad (Enrique y María Josefa), estando en su poder lo adjudicado a sus hijos menores (Román, Gonzalo y Juan). Para sus tres hijos menores declara que tiene en su poder 700 pesetas que su abuela materna les dejó en su testamento, correspondiéndoles 250 pesetas a cada uno. Sus otros hijos Enrique y María Josefa ya habían recibido su parte al emanciparse. Tras la muerte de su primera mujer adjudicó a sus hijos 1.826 reales así como 100.000 reales de un crédito hipotecario que existía contra la casa de la calle Eguiluz, 2 con vuelta a la de San Cipriano, 6. Dichos inmuebles fueron adquiridos por D. Román no existiendo por tanto ningún quebranto. También les dejaba obligaciones del estado, acciones del ferrocarril, 4,25 acciones de una mina así como 11.000 reales en ropas y muebles. Declara que ha preferido darles estos bienes en vez de valores alterables que le han causado perdidas de más de 15.000 pesetas. También declara que en la

---
13 Fuente: Colegio Notarial de Madrid

educación de sus hijos de su anterior matrimonio ha gastado "*sumas de bastante consideración*", manifestando que "*espera que estos lo tendrán presente*" por lo cual él espera que no les mortificará, puesto que les consta de una manera considerable el cariño que a todos por igual profesa. Tal cariño les profesaba también su madre al mejorarlos a ellos en perjuicio de su otro hijo, Julián Sánchez de León, hijo habido en su primer matrimonio. Por tanto, dicho esto, les mejora a sus hijos de su segundo matrimonio en el tercio y les lega el remanente del quinto a sus hijos de su segundo matrimonio. Como garantía del pago designa a su casa en la calle de la Cabeza, 1 con vuelta a la calle de Jesús y María 9, ambos inmuebles nuevos. Hace saber que si entre sus papeles se encuentra alguna memoria escrita y firmada de su mano se tenga como parte integrante de su testamento. Sin embargo, durante esta investigación no hemos podido encontrar ninguna memoria. No sabemos si bien no llegó a escribirla o se encuentra en otro testamento el cual nosotros no conocemos.

Era D. Román una persona que siempre buscaba las buenas relaciones familiares a tenor de la siguiente cita de su testamento: "*Ruego a mis queridos hijos que sean buenos y honrados, que vivan y se amen como cariñosos hermanos, asistiéndose y socorriéndose mutuamente en cuanto puedan como corresponde hacerlo, pues además de ser este un precepto de la ley divina, está mandado en nuestro derecho patrio, y les encargo y recomiendo, con toda eficacia, que sean amantes y aficionados al trabajo, no abandonándolo nunca para que así puedan ser útiles a si mismos, y vivir con el producto de aquel, que es lo más noble y lo más honroso prefiriendo antes la escasez y hasta si fuese preciso la pobreza a las riquezas y bienes malamente adquiridos, para que así en la vida, como al tiempo de su muerte tengan la tranquilidad de su conciencia* ".

Nombra únicos y universales herederos del remanente de sus bienes a sus hijos, tanto del primero, como del segundo matrimonio. Así mismo, en este testamento revoca los cuatro testamentos anteriores haciendo advertencia de que ninguno tenga fe judicial ni extrajudicial. De este testamento se expiden tres copias, una en 1885 a instancia de doña Antonia Abad, otro en 1886 a instancia Juan Gil y Gómez, hijo de D. Román y otra copia más, en 1904 a instancia de Juan Gil y Gómez.

Una vez finalizado el testamento se pasa relacionar en el misma el inventario de los bienes que quedaron al fallecimiento de D. Román Gil y Masegosa.

Metálico, joyas, medallas, cubertería	Importe pesetas
Metálico (en billetes del Banco de España)	
Monedas antiguas	
Resguardo de la Caja General de Depósitos	
Un reloj alcora con su cadena y guardapelo de oro	
Una cruz de comendador de Isabel la Católica de oro con esmaltes	
Un escudo que constituye la enseña de la Sacramental de San Justo, de plata	
Una medalla del notariado	
Una cruz pequeña de la orden de Carlos III de metal, con esmaltes	

Una medalla de oro, que con su diploma colocados en un marco, constituyen el premio de la Academia Matritense del Notariado	
Otras joyas, cubiertos, etc, de oro, plata, etc	
Total	**23097**

Es de gran interés comprobar como a su fallecimiento entre sus bienes se encontraban las medallas y escudos de los títulos que había recibido a lo largo de su vida. Sin embargo, nada se sabe de todas estas medallas y aunque en algunos casos si conocemos el heredero que los recibió, desconocemos a día de hoy que pudo pasar con las mismas. Tal vez, gracias a este trabajo pueda salir a la luz alguna de estas medallas. Sin embargo, y como en muchas ocasiones ha ocurrido, los herederos o bien las han tirado porque no les daban el valor que tenían, o se han vendido en rastros o mercadillos. A día de hoy todo el dinero, joyas, etc., que poseía el finado a su muerte sería de un 1 millón Euros, aproximadamente. Todos sus bienes fueron repartidos entre sus herederos y como eran tantos la cantidad recibida no sería tan importante como a primera instancia pueda parecer.

A continuación, tal y como podemos ver, destaca la poca ropa que tenía Don Román y el estado de la misma, puesto que la mayoría de ella tenía bastante uso. Este hecho nos reitera su carácter austero y totalmente alejado del lujo, lujo que por otra parte habría podido tener dada su posición social. Sin embargo, su prioridad fue darle estudios a sus hijos, por lo cual, empleó la mayor parte de su fortuna en este hecho. De esta manera todos sus hijos varones obtuvieron una carrera universitaria.

Ropas del finado	Importe pesetas
Cuatro levitas de paño negro	
Dos capas de paño color café con esbozos de terciopelo	
Un gabán de invierno de paño azul	
Un sobretodo de paño negro	
Dos cazadoras	
Cinco pares de pantalones	
Seis chalecos	
Ocho camisas de hilo	
Cinco pares de calzoncillos	
Cinco camisetas de algodón y de lana	
Un bastón de madera negra	
Un paraguas de seda	
Cuatro pares de calcetines negros	
Una docena de pañuelos de bolsillo	
Ropas de la viuda	
Dos vestidos de seda, uno negro y otro de color	

café, muy usados	
Un vestido de lana de color verde oscuro	
Otro vestido de lana de color azul oscuro con falda y chaqueta	
Otro vestido de beatilla negro	
Otro vestido de hilo crudo	
Cuatro pares de enaguas	
Seis camisas de hilo	
Seis pares de medias	
Dos pares de pantalones de algodón usados	
Un refajo	
Un mantón alfombrado	
Dos chambras de punto de algodón	
Dos pañuelos de crespón de Palle bordados	
Un velo de encaje	
Una toquilla velo	
Siete pañuelos de la mano	
Una sombrilla de seda negra con bordados.	
Ropas del heredero D. Román Gil y Gómez, D. Juan Gil y Gómez, D. Luis Gil y Abad, Doña Antonia Gil y Abad, Doña Misericordia Gil y Abad, Doña Pura Gil y Abad, Doña Enriqueta Gil y Abad, Doña Anunciación Gil y Abad, Doña Mercedes Gil y Abad,	
Ropas de casa	
Seis colchas blancas de brillantina para verano	
Trece colchas de crestona de diferentes colores	
Cuatro colchas de algodón labrado	
Treinta y dos sábanas, parte de hilo y parte de algodón	
Ocho sábanas de algodón nuevas	
Cuarenta y dos sábanas pequeñas de hilo de una pieza	
Cuarenta y una fundas de almohada de hilo y algodón	
Seis juegos de cama de hilo nuevos con bordados	
Dos sábanas de hilo nuevas con puntillas	

Una sábana turca para baño	
Ocho almohadones de hilo	
Diez y seis fundas de almohada de hilo	
Quince fundas de almohada nuevas con puntilla	
Veinte fundas de almohada de algodón	
Treinta y dos toallas de hilo usadas	
Seis toallas turcas sin estrenar	
Seis manteles de algodón pequeños	
Seis manteles de hilo pequeños y dos grandes. Todos nuevos	
Cuarenta y dos servilletas usadas	
Trece delantales nuevos	
Una caja con un mantel y once servilletas adamascadas sin estrenar	
Trece almohadas rayadas sin lana	
Muebles de la sala	
Una sillería de damasco enmarcado de seda con sus fundas de punto de crochet compuesta de doce sillas, sofá y dos sillones de nogal en mediano uso	
Una jardinera de caoba con tablero de mármol	
Un espejo con marco dorado colocado en la sala	
Un cuadro de lienzo pintado al óleo con el retrato de la señora madre del finado con marco dorado	
Dos retratos ovalados con marco dorado con fotografías iluminadas	
Una araña con doce mecheros y adornos de cristal	
Dos floreros de cristal	
Un reloj de sobremesa dorado con su fanal y dos candelabros formando juego con sus fanales	
Una galería de madera con flecos enmarcados y dos cortinas.	
Dos sillas de rejilla de haya negra	
Una alfombra en forma de tapiz delante del sofá	
Otra alfombra de moqueta cubriendo todo el piso de la sala	

Gabinete principal	
Una sillería forrada de lana con dibujos orientales. Compuesta de seis sillas, un sofá y dos butacas.	
Un buró pequeño chapado de caoba	
Un lavabo con piedra de mármol con el juego de lavar	
Un cuadro de litografía representando a la Purísima	
Dos retratos con su marco dorado de fotografía iluminada representando al finado y a su segunda esposa	
Varios retratos pequeños de personas de la familia	
Una alfombra de moqueta usada	
Dos galerías de balcón sin flecos	
Despacho	
Una mesa de despacho chapada de caoba	
Una librería grande de caoba de dos cuerpos	
Otras dos librerías también de caoba	
Una estantería al descubierto de caoba en forma de papelera	
Seis sillas de gutapercha color café y dos sillones	
Un sillón para la mesa de despacho	
Un reloj de cuadro	
Un cuadro con marco dorado y cristal con el plano de Madrid	
Dos galerías chapadas en caoba con sus flecos	
Dos trasparientes pintados con sus varillas y cordones	
Una cestera de cordelillo con dibujos azules	
Un puntero de hierro fundido y un tarjetero	
Antedespacho	
Una mesa con cuatro pupitres o plazas para escribientes de pino pintado	
Cuatro banquetas de pino muy estropeadas	
Un puntero de cristal	

Un sofá de gutapercha	
Nueve sillas con asiento de paja de madera pintada de negro	
Un armario de dos cuerpos de pino	
Un bastonero de hierro fundido	
Tres perchas de latón	
Un biombo de pino pintado sirviendo de pared divisoria del despacho y ante despacho	
Una mampara en la entrada delante del despacho	
Comedor	
Un aparador de nogal tallado con dos cuerpos con piedra blanca de mármol	
Una mesa velador con cuatro tableros	
Doce sillas de nogal y rejilla	
Un armario chapeado de caoba para guardar ropa	
Un espejo con marco dorado	
Una lámpara colgada para petróleo	
Una máquina de coser de pie	
Un costurero chapeado de caoba	
Media vajilla ordinaria e incompleta	
Una docena de jícaras	
Un juego de café completo entrefino	
Dos docenas de copas de cristal para agua y vino	
Cuatro botellas, dos para vino y dos para agua, todas de cristal	
Seis tazas con sus platillos y franja color de lila	
Una dulcera de cristal con tapa y platillos	
Dos bandejas redondas de metal	
Otra bandeja grande para servicio de doce tazas	
Un reloj de cuadro	
Un salero de cristal	
Dos vinagreras en su estuche sin salero	
Gabinete del comedor	
Cuatro sillas de aliso con rejilla muy usadas	
Una mecedora de rejilla	

Un lavabo con piedra de mármol con su jofaina y un cubo de latón muy deteriorado	
Un piano vertical número dos mil noventa y dos de bastante uso	
Una cestera de cordelillo muy usada	
Alcoba principal	
Una cama camera dorada con tres colchones, tres puntines, dos mantas y dos almohadones pequeños con lana	
Una cama de hierro maqueada también camera con tres colchones, un jergón, tres mantas y dos almohadones con su lana.	
Una cama cuna de hierro con dos colchones y un jergón con una almohada y dos mantas.	
Una mesa de noche chapeada de caoba con piedra de mármol	
Una alfombra muy usada	
Alcoba del gabinete del comedor	
Una cama de hierro pintada con dos colchones, jergón, dos mantas, dos almohadas muy usadas.	
Otra cama de hierro pintado con dos colchones, jergón, dos mantas y dos almohadas en bastante uso.	
Dos perchas de hierro pintado	
Una mesa de noche chapeada de caoba con piedra de mármol	
Una cestera de cordelillo	
Alcoba de la sala	
Una cama camera de hierro pintado con tres colchones, un jergón, dos mantas, un almohadón y dos almohadas.	
Otra cama de hierro pintado con dos colchones	
Un armario de pino pintado color caoba de tres cuerpos para ropa	
Una escala de tablones	
Alcoba interior	
Un lavabo forma de cómoda con piedra de mármol sin servicio	
Seis sillas de las llamadas de Vitoria	
Una cama de hierro pintado con un jergón, un	

colchón, dos mantas y dos almohadas	
Otra cama de hierro pintado con un colchón, un jergón y dos mantas muy usadas	
Una mesa de noche lisa	
Una percha de hierro pintado	
Otra alcoba interior	
Una cama de hierro pintado con un colchón, un jergón, dos mantas y dos almohadas de bastante uso	
Una percha pequeña de hierro	
Una silla de Vitoria	
Otra alcoba interior	
Una cama de hierro pintado con su colchón, un jergón y una almohada	
Una silla de Vitoria	
Cuarto ropero principal	
Un armario de tres cuerpos de pinto pintado de color café	
Una cómoda de cuatro cajones chapada de caoba muy usada	
Un baúl muy usado	
Una percha de hierro pintado	
Cuarto ropero segundo	
Un armario ropero de un cuerpo de pinto pintado de color café con cuatro puertas	
Otro armario ropero de pino con igual pintura y de un cuerpo con cuatro puertas	
Una escalera de mano	
Dos escopetas, una de ellas de dos cañones y una espada, sistema antiguo	
Dos baúles, en mediano uso, uno grande y otro pequeño	
Cocina	
Una mesa de pino con su cajón	
Un armario de pino	
Una artesa forrada de cinc con su pie	
Un fregadero con artesón forrado de zinc	
Una tinaja con su pie y tapadera de pino	

Un cucharón con su almirez	
Un planchero de hierro	
Una estufa para calentar planchas	
Cuatro pucheros de hierro fundido con baño de porcelana de diferentes tamaños	
Cinco cacerolas de hierro con el mismo baño	
Una sopera de loza ordinaria	
Dos docenas y media de platos de loza ordinaria	
Cuatro fuentes de loza	
Despensa	
Dos zafras de hojalata para aceite con su grifo	
Un cajón de pino para garbanzos	
Una romana de hierro grande	
Dos docenas de botellas de diferentes clases	
Una sopera de tamaño grande de loza ordinaria	
Una plancha de vapor	
Un farol grande	
Recibimiento	
Un cajón asiento para calzado	
Total	**2386,7**
Libros	
Dos historias de España por Lafuente. Una con treinta tomos y otra con quince	
Historia Universal por varios autores con diez y siete tomos	
Historia de los Estados Unidos en tres tomos	
Historia de Méjico en dos tomos	
El mundo antes de la creación del Hombre en dos tomos	
Diccionario de la Lengua Castellana por Domínguez	
Diccionario Geográfico Madoz en diez y seis tomos	
Diccionario de Jurisprudencia por Ereniche	
Diccionario del Derecho Civil Aragonés	
Códigos españoles en doce tomos	
Código de las partidas. Edición de la Academia	

en tres tomos	
Morrísima recopilación en pergaminos	
Derecho civil por Febrero	
Derecho civil por Goblenda seis tomos	
Concordancia del Código Civil por García Goyena, dos tomos	
Biblioteca de procuradores, un tomo	
Derecho civil Aragonés por Blas, un tomo	
Derecho civil por Sánchez	
Biblioteca de Escribanos, dos tomos	
Colección de formularios notariales	
Derecho civil de Cataluña, dos tomos	
Derecho internacional privado, dos tomos	
Recursos y competencias en cincuenta tomos	
Gaceta de Registradores y Notarios veinte y un tomos	
Revista del Notariado, tres tomos	
Historia de Grecia, un tomo	
Legislación por Bentán, cinco tomos	
Práctica forense por Zúñiga, dos tomos	
La Biblia, quince tomos	
Arte legal por Suera, un tomo	
Legislación hipotecaria por Moragas	
Tratado de instrumentos públicos por Gonzalo de las Casas	
Ley Hipotecaria de mil novecientos sesenta y uno	
Manual de teoría y práctica notarial, por Morillo	
Memoria sobre el progreso del idioma castellano, por Galindo de Vera	
Tabla de reducción de pesos y medidas, un tomo	
Leyes, decretos y órdenes sobre el notariado de Ruiz Gómez	
Comentarios a la ley y Reglamento del Notariado de Ruiz Gómez	
Guía del viajero en España, un tomo	
Total	**299,5**

Inmuebles	
Una casa situada en esta Corte y su calle Eguiluz con vuelta a la de San Cipriano, con el número dos y con el seis por la otra. Ambos nuevos, de la manzana quinientas veinte y cinco. Produce una renta anual de 3.030 pesetas. Queda un líquido de 2.528, 89 pesetas. El valor de la vivienda es de 45.489, 55 pesetas	**45. 489, 55**
Otra casa en esta Corte y su calle de la Cabeza con vuelta a la de Jesús y María marcada con sus números uno y nueve. Da un producto de 2.410 pesetas. El valor de la vivienda es de 48. 380 pesetas	**43. 380**
En Almagro un olivar titulado las "Cuatrocientas" con 539 olivas fructíferas y 490 improductivas por ser nuevas. Con superficie de 16 fanegas de marco real. No se le da valor por los motivos expuestos en los supuestos	
Otro olivar llamado "La Caridad" con 153 olivas incluidos en el inventario sin valor por los motivos expuestos en los supuestos	
Créditos hipotecarios	
Crédito de 12.500 pesetas a cuatro años a un interés del 7% dado a los esposos D. Enrique Pardo Pimentel y Doña Antonia Millet. Hipoteca de la casa de Calle de los Dos Amigos.	12500
Crédito de 10.000 pesetas a dos años al 9% de interés dado a Doña María Antonia Fernández de Córdoba con licencia de su esposo Don José García de la Serrana. Hipoteca de una finca rústica en Leganés	10000
Créditos personales	
Crédito de 1.900 pesetas procedente de dos préstamos o anticipos de dinero a calidad de devoluciones hechas a su hijo, hoy difunto, D. Enrique Gil y Gómez.	1900
Crédito de 511,10 pesetas contra la Diputación Provincial de Madrid procedente de los trabajos y suplementos que él mismo había hecho como notario de la Corporación desde la última cuenta presentada y pagada hasta el mes de julio de 1884 en que dimitió del cargo.	
Crédito de 2.500 pesetas contra la testamentaria de la Señora Doña Luisa de la Cerda	

Crédito de 1.125 pesetas contra D. Juan Martínez Martínez	1125
Otro crédito de 536,50 pesetas por los derechos de cuatro escrituras otorgadas, dos de ellas el diez de octubre y las otras dos el veinte y ocho de noviembre del año último, referentes a la promesa de venta y enajenación y cancelaciones de dos créditos hipotecarios afectos a una casa en esta Corte y su calle del Amparo número 100 vendida a Doña Bernarda Gómez por Don Tomás Cantalaura como apoderado de su esposa Doña María de la Concepción Fernández	536,5
Otro crédito de 77,25 pesetas importe de los derechos devengados y suplementos hechos por el señor Gil y Masegosa en documentos notariales contra Don Joaquín Roberti	77,25
Otro crédito de 20 pesetas importe de los derechos devengados y suplementos notariales contra Doña Divinia Bautista Vidal, viuda de Gasso	20
Otro crédito de 19,05 pesetas importe de los derechos devengados y suplementos hechos por el Señor Gil y Masegosa en documentos notariales contra Don Joaquín Alonso	19,05
Otro crédito de 16,50 pesetas por importe de los derechos devengados y suplementos hechos por el señor Gil y Masegosa en documentos notariales contra Don Gabriel Hernández	16,5
Otro crédito de 142,90 pesetas importe de los derechos devengados y suplementos hechos por el Señor Gil y Masegosa en documentos notariales contra **Don Eduardo Dato Iradier**[14]	142,9
Otro crédito de 204,75 importe de los derechos devengados y suplementos hechos por el señor Gil y Masegosa en documentos notariales contra Don Mariano, Doña Micaela y Doña Vicenta Hurtado y García	204,75
Otro crédito de tres pesetas setenta y cinco céntimos importe d e los derechos devengados y suplementos hechos por el señor Gil y Masegosa en documentos notariales contra Don Félix Fernández Brihuega	3,75
Otro crédito de 26,75 pesetas importe d ellos derechos devengados y suplementos hechos por	26,75

---

[14] D. Eduardo Dato Iradier fue presidente del gobierno en varias ocasiones durante la monarquía de Alfonso XIII

el señor Gil y Masegosa en documentos notariales contra Don Federico Solé	
Otro crédito de seis pesetas importe de los derechos devengados y suplementos hechos por el señor Gil y Masegosa en documentos notariales contra Doña Jacoba Llanos	6
Otro crédito de 11,25 importe de los derechos devengados y suplementos hechos por el señor Gil y Masegosa en documentos notariales según cuenta contra Don Pedro Pastor y Landero	11,25
Otro crédito de 37,95 pesetas importe de los derechos devengados y suplementos hechos por el señor Gil y Masegosa en documentos notariales contra Doña Josefa Pardo y Larrondo	37,95
Otro crédito de 52,30 pesetas importe de los derechos devengados y suplementos hechos por el señor Gil y Masegosa en documentos notariales contra Don José María Villa	52,3
Otro crédito de 15,20 pesetas importe de los derechos devengados y suplementos hechos por el señor Gil y Masegosa en documentos notariales contra Don Manuel de Liñán	15,2
Otro crédito de 30 pesetas importe de los derechos devengados y suplementos hechos por el señor Gil y Masegosa en documentos notariales contra Don José Antonio Morales	30
Otro crédito de 37,90 pesetas importe de los derechos devengados y suplementos hechos por el señor Gil y Masegosa contra doña Consuelo Gaztanbide	37,9
Otro crédito de 37,75 pesetas importe de los derechos devengados y suplementos hechos por el señor Gil y Masegosa contra Don Eusebio Caja	37,75
Otro crédito de 126,15 pesetas importe de los derechos devengados y suplementos hechos por el señor Gil y Masegosa en documentos notariales contra Don José Hernández Mariscal	126,15
Otro crédito de 16,75 pesetas importe de los derechos devengados y suplementos hechos por el señor Gil y Masegosa en documentos notariales contra Doña María Odiaga	16,75
Otro crédito de 19,25 pesetas importe de los derechos devengados y suplementos y derechos	19,25

por el señor Gil y Masegosa en documentos notariales contra Don Juan Dios, Marqués de Benamejí	
Otro crédito de 38,75 importe de los derechos devengados y suplementos hechos por el señor Gil y Masegosa en documentos notariales contra Don Francisco Rubio	38,75
Otro crédito de 19,75 pesetas importe de los derechos devengados y suplementos hechos por el señor Gil y Masegosa en documentos notariales contra doña Juana Martínez Ibáñez	19,75
Otro crédito de 41,75 pesetas importe de los derechos devengados y suplementos hechos por el señor Gil y Masegosa en documentos notariales contra Tomás José Meler	41,75
Otro crédito de 14,25 pesetas importe contra Doña Josefa Mar y Quesada	14,25
Otro crédito de 37,75 pesetas por documentos notariales contra D. Antonio Rivera	37,75
Otro crédito de 20,25 pesetas importe de los derechos y suplementos contra Doña Juana Antonia Parajuá	20,25
Otro crédito de 36,75 pesetas importe de los derechos contra D. Galo Guerrero	36,75
Otro crédito de 19,5 pesetas importe de los derechos devengados contra D. Eusebio Berganza	19,5
Otro crédito de 93,25 pesetas de los derechos devengados contra D. Pedro Boch	93,25
Total créditos incobrables	**5431,07**

A tenor de la descripción del mobiliario de su casa podemos hacernos una idea precisa de como era una casa de finales del siglo XIX. Como sí de una novela de época se tratara, la minuciosidad en la descripción de todo el mobiliario nos permitiría recrear la vivienda de D. Román. Así mismo, y a tenor de la información anterior hemos llegado a la conclusión de que tenía D. Román su notaría en su misma vivienda.

Su vivienda era la típica vivienda de gente acomodada de la época, contando además con un piano, el cual según el testamento, tenía bastante uso. Este hecho denota que los habitantes de la vivienda tendrían conocimientos musicales, siendo bastante habitual las veladas donde tras la cena se deleitaría a los habitantes de la casa y a los visitantes con unas piezas musicales acompañadas de una copa y un puro. Como ya venimos diciendo, nos aporta este testamento numerosos datos con los que se podría reconstruir de manera fiel como era la vida de una familia acomodada del Madrid de finales del siglo XIX.

A tenor de todos los datos anteriores y como ya venimos comprobando en este trabajo, gran parte del mobiliario de D. Román se encontraba muy desgastado, lo que nos reafirma, una vez más, en su carácter ahorrador y poco tendente al gasto y a vivir con un alto nivel de vida. En este aspecto prefirió durante su vida darle estudios a sus hijos que vivir según el estatus social que le correspondía. Otro detalle importante que nos aporta el testamento, es como en el dormitorio principal, además del matrimonio dormirían los hijos más pequeños del mismo a tenor de que había otra cama y una cuna. Tenía D. Román 11 camas en su vivienda, algunas en dormitorios con dos camas y otras en dormitorios individuales, las cuales estarían destinadas a los hijos mayores que todavía convivían en el domicilio. En los dormitorios apenas había armarios roperos puesto que había habitaciones específicas para guardar la ropa. Llama también la atención, en cuanto a los colores utilizados tanto en la ropa como en los muebles, como el color café era uno de los más comunes. En cuanto al mobiliario, era bastante común la utilización de chapado de caoba, así como la utilización de los colores dorados, sobre todo en las camas.

Otros de los bienes de la casa eran dos escopetas y una espada. Se entiende que las escopetas de dos cañones estaban destinadas a la caza, afición que compartiría D. Román y que realizaría junto a otros miembros de la burguesía madrileña en las grandes fincas cercanas a la capital. Llama la atención la espada, probablemente siendo la misma decorativa para el traje de gala de D. Román cuando acudiera a las galas como caballero de la Orden de Isabel la Católica y Carlos III.

Con respecto a los bienes inmuebles, resulta que hemos podido identificar claramente una de sus viviendas la cual era de nueva construcción y se encontraba entre las hoy actuales, y entonces, calle de la Cabeza y calle de Jesús y María. La casa es una gran casa de tres plantas y dos puertas con un detalle llamativo y es que en la esquina achaflanada de la vivienda hay un escudo de armas, escudo heráldico que bien podría ser el de D. Román ya que las viviendas eran de nueva construcción aunque albergamos nuestras dudas puesto que al parecer este se las había quedado en pago de un crédito impagado.

Otra de las actividades a que se dedicaba D. Román Gil era a la concesión de crédito hipotecarios como si de un banco se tratara. De la información de estos créditos resulta que ocupaba el cargo de notario de la Excma. Diputación Provincial de Madrid, cargo del que dimitió en 1884[15]. Dentro de las personas a las cuales concedió créditos llama la atención el crédito (por realización de documentos notariales) concedido a **Don Eduardo Dato Iradier.** Eduardo Dato fue un abogado y político español quien ocupó varias veces la cartera de ministro así como el cargo de primer ministro durante tres ocasiones en la época de la Restauración. Fue el político que decretó la neutralidad española en la Primera Guerra Mundial y que hizo frente a la violencia que azotaba Barcelona[16], debido a conflictos laborales entre patronos y obreros. Su manera de controlar dicho disturbios fue mediante la aplicación de una política represiva, lo cual le granjeó numeroso enemigos. Fue asesinado en marzo de 1921. Este préstamo muestra, una vez más, los importante amigos con los que contaba Don Román, puesto que en este momento ya ocupaba **D. Eduardo Dato** un acta de Diputado por el distrito de Murias de Paredes. Otro de los prestatarios fue **D. Pedro Pastor y Landero**, militar que profesó una gran amistad con el general Topete y que fundó la primera sociedad por acciones para poner en funcionamiento el alumbrado de Madrid. Otro de sus prestatarios fue **Don Juan de Dios Bernuy y Coca**[17] , **Marqués de Benamejí** (Jaén, 1842-1899).

---

15 Llama la atención como su dimisión se produjo tras la muerte de su hijo primogénito. Puede ser que tras este lamentable suceso decidiera dedicar más tiempo a su familia y menos a su trabajo.
16 Fuente: Wikipedia
17 Fuente: Notascordobesas.com

Es de interés otro de los datos que nos ofrece el testamento. Así se dice en el mismo, que, para reducir a su hijo Román del servicio de las armas, había tenido había tenido precisión de vender los bonos del Estado que tenía en su poder. A este respecto, era práctica habitual la entrega de una cierta cantidad de dinero al Estado para evitar el servicio militar. De esta manera el servicio militar del siglo XIX, se convirtió en una *"especie de contribución de sangre"* para las clases menos favorecidas. [18] Este sistema por el cual se entregaba una cantidad en efectivo para librarse del servicio militar recibía el nombre de **Redención,** siendo esta el dinero necesario para contratar a otros soldados para sustituir a los redimidos. Por poner un ejemplo de las cantidades entregadas en 1885, el importe de la Redención se encontraba entre las 1.500 y 2.000 pesetas. Hemos de recordar que durante esta época había numerosos conflictos, como la guerra de Cuba, la de Marruecos o los problemas con el carlismo o las insurrecciones cantonales. Por tanto, mediante la venta de los bonos del Estado que poseía D. Román, su hijo Román se libró de hacer el servicio militar. A día de hoy esa cantidad serían unos 30.000 Euros, cantidad que no estaba al alcance de todo el mundo y que obligaba a muchas familias a pedir un préstamo. Sin embargo, tan solo serían las familias más pudientes las que podrían obtener un préstamo o tener bienes o dinero en efectivo para hacer frente a este gasto. La mayoría de la población, sin embargo, no podría hacer frente a esta redención y no tenían más remedio que ver como sus hijos morían en guerras internas o externas. Como siempre en la historia las guerras han sido cosa de *"pobres"*. Por los bonos para conseguir la Redención de su hijo obtuvo la cantidad de 1.462 pesetas.

También se hace constar en su testamento que la Caja Universal de Capitales vendió su casa de la calle de Recoletos número 6, venta por la que había cobrado 8.500 pesetas. A valor de hoy en día ese inmueble valdría unos 260.000 Euros[19]. Por otra parte se hace constar que se aportaron dos préstamos al matrimonio, habiéndose recibido en pago del primero dinero en efectivo y en pago del segundo un olivar en Almagro, olivar llamado "Las cuatrocientas"[20]. Este olivar fue adquirido a Don Basilio Gil y Rosillo. Su otro olivar recibía por nombre "La Caridad", existiendo hoy en día una finca agrícola que lleva dicho nombre en Almagro. No sabemos si es la misma u otra finca, pero sí constatamos la existencia del término. Otro de sus negocios y que no hemos mencionado hasta ahora era su participación en una empresa ferroviaria. Así a su matrimonio había entregado 65 obligaciones por subvenciones del ferrocarril. Estas obligaciones fueron convertidas por el Estado entregándole 28.000 pesetas nominales en títulos de la Deuda Perpetua con un interés del 4%. Estas obligaciones a día de hoy supondrían una cantidad cercana al millón de euros. Los herederos, enterados de su testamento, hacen constar que no puede quedar duda respecto de la autenticidad de dicho testamento además de constarles ser ciertísimos los hechos consignados cuyas referencias han sido repetidas veces de boca del testador.

Es de interés también saber que el matrimonio de D. Román con su segunda esposa, Doña Antonia Abad, se produjo el 10 de marzo de 1872. Al matrimonio, Doña Antonia Abad, aportó una dote de 1.767,50 pesetas, representadas por alhajas, muebles y ropas de uso personal, y de casa.

---

18 Fabián Lavado Rodríguez. Hoy La Zarza. 20 de diciembre de 2018
19 Para calcular el valor de las pesetas de finales del s. XIX hemos utilizado el portal measuringworth.com
20 El olivar Los Cuatrocientos había pertenecido a Nicolás de Miniussir y Giorgeta, teniente coronel y cuñado del general José María de Torrijos. Tuvo que exiliarse debido a sus ideas liberales durante toda la Década Ominosa. Este olivar fue adquirido por Miniussir en escritura el día 5 de septiembre de 1839, finca procedente de la Desamortización de Mendizabal. Miniussir era amigo del general Espartero y de Mendizabal lo que unido a su conocimiento de la Mancha lo llevó a comprar 129 tierras en Almagro.

Concepto	Importe
Un reloj de oro esmaltado con su cadena deteriorada	
La cruz de oro esmaltada representando a la Purísima	
Un par de pendientes esmaltados con un diamante cada uno	
Otro par de pendientes de oro con dibujos y diamantes convertidos posteriormente en una sortija	
Un vestido de seda negra	
Una mantilla de blonda de encaje	
Un pañuelo de crespón negro bordado con seda negra	
Un pañuelo alfombrado	
Un pañuelo de crespón negro bordado en colores	
Una cama inglesa maqueada	
Tres colchones de lana	
Tres mantas	
Un jergón	
Dos almohadas de hilo	
Una colcha blanca de crochet	
Un jergón con colchón usado	
Total	985
Aportaciones consumidas	782,5

Las aportaciones consumidas se le restituyen a la viuda de D. Román en ropas del inventario de su testamento, acuerdo aceptado por todos los partícipes. Otro dato, sin duda interesante, es el importe que suponían los diversos bienes de D. Román que aportó a su segundo matrimonio. Estos bienes suponían una cantidad de 143.561,75 pesetas, cantidad que hoy en día supondrían unos cinco millones de euros. Aportó igualmente D. Román dos casas a su segundo matrimonio, una de ellas en la calle de la Cabeza y otra en la calle Eguiluz, propiedades, que al igual que los olivares conservaba el día de su fallecimiento. La casa de la calle de la Cabeza se tasó en 46.600 pesetas y la de calle Eguiluz en 40.850 pesetas. Se cita en el testamento los libros de medicina de D. Enrique, libros que habían servido a D. Enrique para estudiar su carrera de médico, libros que tenían un valor de 192 pesetas. Otros datos interesantes es la boda de su hija Doña Josefa Gil con D. Juan Martínez y Martínez, boda a la que aportó una dote de 10.310 pesetas. Otras veces hemos hablado de la forma de ser de D. Román, de quien se dice al hablar de la dote de su hija *"que sentía pasión por sus hijos, siendo muy generoso en consonancia con la posición desahogada que disfrutaba merced al inmejorable éxito de su notaría"*. Entregó D. Román a su hija, además de las alhajas de su abuela, aquellas que habían sido de su madre. También le dio las ropas que venía usando en la casa paterna y otras que se le compraron para sustituir o mejorar las muy usadas. En su boda le regalaron pendientes de oro con perlitas, un sortijero, unos cubiertos de plata, una mantelería adamascada, doce toallas adamascadas, una sombrilla de raso blanco y un abanico de nácar con raso.

Su hijo D. Enrique, por su parte, recibió de su padre préstamos a devolver por valor de 1.750 pesetas, cantidades que fueron aumentando con nuevas remesas sin que se conozca la cantidad exacta. Sí se conversaban en poder de D. Román, dos cartas de D. Enrique, fechadas el 17 de julio de 1882, pidiéndole a D. Román que le facilitara 600 o 700 reales. Existía otra carta de fecha de 6 de agosto comunicándole D. Enrique a D. Román haber recibido una letra o giro aunque no se expresaba la cantidad exacta. Sin embargo, la viuda y herederos creen que fueron los 600 reales o 150 pesetas pedidas componiendo el total de anticipos 1.900 pesetas. Estos anticipos suponen unos 60.000 euros a precio de hoy en día. En relación a estos gastos tenemos que tener en cuenta que D. Enrique ejercía su labor de médico en una población de la provincia de Málaga, Sayalonga, que había perdido el 100% de sus terrenos agrícolas debido a la plaga de la filoxera que desde 1877 asoló los viñedos malagueños. D. Enrique no podía cobrar sus igualas por la sencilla razón de que nadie podía pagarle. Por este motivo tuvo que pedir D. Enrique tales anticipos a su padre. Debido a estos hechos hoy en día es admirada la figura del doctor Enrique Gil Gómez en el municipio de Sayalonga, en Málaga.

Imagen: D. Enrique Gil Gómez. Hijo del notario D. Ramón Gil Masegosa

Imagen: *Esquela de D. Enrique Gil y Gómez. Fuente: Diario La Correspondencia de España. Martes 24 de junio de 1884.*

Su otro hijo, Gonzalo, no había necesitado anticipos con anterioridad a la muerte de su padre. Sin embargo, tras el fallecimiento de este, necesitando recursos para su vuelta a Granada, donde residía, recibió del metálico inventariado 500 pesetas a cuenta de su legítima.

Por otra parte, para los hijos que tuvo D. Ramón tras sus segundas nupcias mejoró su herencia en el tercio y les legó el remanente del quinto. Este hecho se produjo debido a que a sus hijos de su primer matrimonio les había dado estudios a todos, excepto a su hija, quien por su condición de mujer no tenía derecho a matricularse en un establecimiento docente superior. Esta prohibición no comenzó a remediarse hasta el año 1888, aunque había que pedir permiso para que una mujer estudiara llegando dicha petición al Consejo de Ministros. Por este motivo consideró oportuno mejorar la herencia de sus hijos del segundo matrimonio, compensando así los gastos que le habían supuesto dar estudios a sus hijos mayores. Para asegurar el cobro de dichas mejoras les donó la casa de la calle de la Cabeza.

Otro de los aspectos de la forma de ser de D. Román, además de un padre muy atento con sus hijos, era el de benefactor. A su esposa, por su parte, había donado una cierta cantidad de duros antiguos o raros en distintas ocasiones según llegaban a su poder. Tras el fallecimiento de D. Román se procedió a realizar el inventario de bienes y según se dice en el testamento *"sin protesta de ningún género, antes por el contrario, manifestando su absoluta conformidad y los conciliadores propósitos que abrigaban para las operaciones posteriores"*. En la sesión del tres de febrero, con objeto de inventariar los bienes, se dio participación e intervención a Don Santos Fernández y Lozano como apoderado que legalmente justificó ser de la madre de las nietas herederas y residentes en Sayalonga (Málaga). Este prestó su aprobación a lo establecido y consignado en las sesiones anteriores por haberlas presenciado, aunque no con carácter oficial sino como secretario de a Testamentaria. Para la tasación de las alhajas se designó al perito D. Antonio Herreros, platero y oyero con licencia abierta en la calle de la Gobernación Gerónimo, 16. La valoración de los efectos públicos se hicieron según el tipo medio de la cotización oficial en bolsa del día del fallecimiento. En cuanto a la apreciación de las ropas y efectos de casa se puede hacer la misma por personas no peritas puesto que se conocía su coste o el de sus similares, su estado de conservación, etc., Respecto a los olivares de Almagro se acordó se adjudicasen en comisión al heredero D. Gonzalo para que este procediese a su venta. Se acordó igualmente, en la última sesión, descontar de la egítima de D. Enrique la cantidad de 7.600 reales que en calidad de préstamo había recibido de su señor padre, estableciéndose lo mismo respecto a los 7.344 reales que había recibido en modo de anticipo su heredera D. Josefa. Una vez terminados los actos de valoraciones de los bienes se procedió a la liquidación de los mismos. Tuvieron que realizar algunos cambios en las disposiciones previas por cuestiones legales. Así, se incluyeron en el inventario las monedas antiguas y se excluyeron las ropas de los herederos que residían en la vivienda. En relación a los muebles de la vivienda se acordó hacer una nueva valoración por el perito D. Ignacio Rey, tasador judicial. Los créditos incobrables no se incluyeron en la liquidación por los posibles perjuicios que podrían causar ante la Hacienda Pública. Se designó al heredero D. Juan Gil a perseguir ante los tribunales el cobro de dichos créditos. Por tanto, realizada la liquidación resulta que en el acto del fallecimiento había 3.352 pesetas en metálico o billetes de banco, 17.001,60 pesetas en efectos públicos, 2.309,75 pesetas en alhajas, 1.151 pesetas en ropas, 2.386 pesetas en muebles, 299,56 en libros, 93.869,55 en créditos. La suma de estas cantidades supone 148.809 pesetas en caudal efectivo inventariado, deduciendo los olivares de Almagro y los créditos incobrables. Las deducciones suponían 14.3051 pesetas. El sobrante es de 5.757 pesetas que se considerarán como gananciales de la sociedad conyugal. También se emplearon algunas cantidades en comprar pañuelos, gasas, corbatas, y algunas otras prendas y otros efectos para completar los lutos que venían usando la viuda, herederos y sirvientes desde la reciente defunción de D. Enrique Gil, gastos que ocasionaron 223 pesetas. A la legítima tuvieron derecho todos sus hijos así como Doña Elvira y Doña Mercedes Gil García en representación de su padre. A cada heredero le correspondieron 5.489 pesetas, pesetas que hoy en día supondrían unos 178.000 Euros. Los herederos in estirpe Doña Mercedes y Doña Elvira Gil y García debían recibir su herencia por la legítima paterna que en esta operación hubiera. Cada una de ellas recibió la cantidad de 2.744 pesetas. La viuda de D. Román, recibió además de la devolución de su dote por una cantidad de 4.024,89 pesetas.

Las fincas de olivos se ponen a la venta aunque al adquirirlas D. Román pagó 7.800 reales por la finca "*La Caridad*" y 15.000 reales por la finca "*Los Cuatrocientos*". Sin embargo, en el momento de ponerlas a la venta los posibles compradores no ofrecen ni la mitad de lo pagado, puesto que según el testamento "*se vienen sucediendo un año tras otro ciertos problemas, bien por la plaga de la langosta, bien por la sequía o por otras causas accidentales, pero que desgraciadamente vienen eslabonándose con alarmante continuidad*". No se quieren por tanto adjudicar las fincas en esas condiciones, tan poco ventajosas, puesto que las cosas pueden cambiar y adquirir mayor valor encontrándose el adjudicatario con una ganancia, quizás, del doble o acaso mayor. Tampoco pueden adjudicarse las fincas por el precio de compra puesto que este puede ser hoy en día muy superior al precio de adquisición. Se propone, finalmente, nombrar un perito de la localidad que tasara las fincas. Recabados los informes resultan que nunca se podrían tasar en más precio que una mitad poco más o menos del valor de compra. Tampoco se había podido hallar el valor de las mismas según la capitalización de los ingresos anuales puesto que, estudiados los libros de cuentas de las dichas fincas, resulta que casi anualmente, D. Román tenía que remitir fondos para pagar el descubierto que estas generaban. Finalmente se opta por una solución que se antoja ideal y es la adjudicar las fincas a uno de los herederos, D. Román Gil y Gómez, quien las administraría y pudiéndose vender en el momento en que recuperen el valor que tenían, deduciéndose los gastos que este haya tenido.

En relación con los créditos incobrables se dice en el testamento que proceden, casi en su totalidad, de trabajos hechos en la notaría y suplementos, algunos de ellos antiguos, otros modernos y todos ellos reclamados en distintas ocasiones. Sin embargo, no se han podido cobrar por ignorarse el domicilio de algunos deudores o por negarse al pago bajo pretexto de tenerlo hecho de una u otra forma. Se acuerda designar al heredero D. Juan Gil y Gómez, que como letrado reúne mayores condiciones de aptitud y facilidades para gestionar y realizar el cobro de referidos créditos repartiendo entre los herederos los cobros que pudiera realizar.

Seguidamente, se pasan a detallar las viviendas propiedad del finado D. Ramón Gil, siendo estas las siguientes:

1) **Casa de la calle de la Cabeza**. Casa de 92 metros por planta que consta de sótano, planta baja, principal, segundo, tercero y buhardilla. Dicha casa fue comprada a Don Antonio Ruiz y Nero siendo adquirida por D. Román en 1879 en concepto de pago de un crédito hipotecario que el comprador tenía contra el vendedor. Como el vendedor no pudo pagar el crédito y tras un proceso judicial, finalmente, se adjudicó D. Román la vivienda. Este hecho es una prueba más de que parte de sus beneficios los obtenía de prestar determinadas cantidades como préstamos personales o bien para hipotecas para la adquisición de una vivienda.

2) **Calle de Eguiluz**. Tenía la propiedad 154 metros por planta. Constaba de planta baja, principal, segundo y buhardilla. La tenía en propiedad D. Román por adjudicación del pago de un crédito hipotecario contra la dueña anterior, Doña Petra Fernández Mojón. Debido al impago de las cuotas del préstamo y tras un proceso judicial se adjudicó dicha vivienda D. Román en escritura el 21 de junio de 1867.

3) **Olivar en el sitio de la Caridad en Almagro o Cañada del Gato.** Un olivar compuesto de 131 olivos, de ellos 53 viejos, el resto modernos. Antes estaba poblado en su mitad de viña que hoy ha desaparecido [21]. El olivar lo compró D. Román a D. Ramón Úbeda Manzanares y Masegosa.

4) **Olivar de las Cuatrocientas en Almagro.** Tiene 539 olivos fructíferos y 490 de siete años. Ocupa una extensión de 16 fanegas de tierra de marco real (unas 10 hectáreas). Este olivar se lo compró D. Román a Basilio Gil Rosillo, notario de Almagro (No sabemos si había parentesco entre ellos aunque podemos entender que podría ser su familiar).

5) **Crédito hipotecario**

Un crédito hipotecario por la suma de 12.500 pesetas ante los esposos D. Enrique Pardo Pimentel y Doña Petronila Millet y Lara. Dicho préstamo se devolvería en cuatro años pagando un interés del 7% por semestres. El interés y el principal se pagarían en buenas monedas de oro o plata gruesa, con exclusión de toda clase de papel moneda y billetes de banco, consintiendo en que se le reclame por acción ejecutiva establecida en Derecho. Al parecer era habitual en esa época el pago de determinadas cantidades en oro y plata, desapareciendo esa costumbre al inicio del siglo XX.

Otro crédito hipotecario de 10.000 pesetas constituido a favor de D. Román Gil por la señora Doña María Agustina Fernández de Córdoba y Álvarez de Bohorques, mujer perteneciente a la

---
21 Probablemente se vieron afectados por la plaga de la Filoxera

familia Fernández de Córdoba, prestigiosa familia nobiliaria española. Para ser concedido dicho préstamo necesitó la licencia de su marido D. José García de la Serrana. En esta época era necesaria la licencia marital para la adquisición de bienes, licencia que dejó de ser necesaria en 1975. El préstamo se concedió para un plazo de dos años a un interés del 9%. El préstamo se pagaría en oro o plata gruesa con exclusión de toda clase de papel moneda. Como garantía hipotecaria se constituyó hipoteca especial sobre 21 fincas sitas en Leganés y Obera. Esta mujer puede ser hermana de la I Marquesa de Griñón, María Cristina Fernández de Córdoba.

Otro crédito hipotecario de interés es el concedido al editor D. Francisco de Paula Mellado, editor que durante su época llevó a cabo una importantísima labor como editor e impresor de libros y periódicos, convirtiéndose en el más importante editor del Madrid de su época. Tradujo a los más importantes novelistas europeos de su tiempo como Víctor Hugo o Alejandro Dumas. Finalmente, todas las empresas culturales emprendidas por D. Francisco de Paula le llevaron a la ruina. Uno de sus deudores era D. Román, aunque debió cobrar el préstamo puesto que en el momento de su muerte no se encuentra entre los créditos incobrados. [22]

Es de interés la petición que hacen las nietas, hijas de D. Enrique Gil, puesto que estas solicitan " *que sus legítimas no radiquen fuera del pueblo en que residen, puesto que sí se les transmiten pueden hacer más productivas sus propiedades de allá (Sayalonga, Málaga). Esta es la única esperanza y fuente de su sustento y por tanto necesitan con verdadera necesidad metálico que permita a su señora madre (Rosario García) reconstruir su vivienda, hoy ruinosa a consecuencia de los terremotos ocurridos en el país*[23] *y reparar los perjuicios ocasionados en las demás fincas por la misma combinación que impone la cuantía de los herederos mejorados en relación con el valor de las casas inventariadas"*. Debido a lo anterior se acuerda dar un exceso de la casa de la calle de la Cabeza a la madre de los mismos herederos en parte del pago de sus gananciales. Se acuerda destinar los créditos hipotecarios a los herederos D. Román, D. Gonzalo y D. Juan Gil y Gómez. De esta manera quedan cumplidos religiosamente los convenios que el finado hizo con su hijo Don Gonzalo Gil y Gómez, prometiendo cederle parte del crédito hipotecario sobre fincas en Leganés a cambio de que el se diera como pagado de su legítima materna y se cumple también con un principio de justicia, casi un derecho para con los herederos puesto que sus legítimas consistían en créditos hipotecarios que fueron incautados por su señor padre. Por tanto se les devuelve en la misma clase de bienes. Además se acuerda dedicar los efectos públicos al pago de las deudas inventariadas y de los haberes de la heredera doña Josefa y de los nietos Doña Elvira Gil y García y (bisabuela del autor de este trabajo) y Doña Mercedes Gil y García, distribuyendo el sobrante entre los otros herederos D. Román, D. Gonzalo y D. Juan. Se dice, igualmente, *"que una vez que se haya terminado la testamentaría habrá facilidad de procurarse los recursos efectivos necesarios para satisfacer dichas deudas cuyo pago está siento la constante preocupación de los interesados y para remitir a la señora madre de dichos nietos el importe de sus legítimas, que radicando en Madrid, apenas le producirían cosa alguna, dado su escaso importe y que allí (en Sayalonga) tanto necesitan por las causas antedichas a los efectos del pago de deudas"*. Queda nombrado el pagador o encargado de la solvencia al heredero Don Juan Gil y Gómez a quien se le formará una legítima separada en la que con tal objeto se le adjudicarán los suficientes títulos de la deuda para que inmediatamente los retire de la caja de Depósitos donde se encuentran destinando su precio a la completa solvencia de los acreedores de quienes exigirá los debidos justificantes. Con respecto a los bienes de la casa familiar se solicita por Doña Josefa y los nietos que no se les adjudique, la

---

22 Fuente: Wikipedia
23 Terremotos de Andalucía de 1884. Estos terremotos que tuvieron lugar el 25 de diciembre de 1884 dejaron en Andalucía 745 muertos y 1.485 heridos, ocasionando numerosos daños materiales afectando a la localidad de residencia de las nietas de D. Román, Sayalonga.

primera por tener su casa propia y la segunda por no serles de ninguna utilidad en el pueblo puesto que los gastos de transporte serían muy elevados para tan largo viaje.

Tras la división de haberes se le adjudica a doña Antonia Abad y Cadenas la cantidad de 4.024,89 pesetas por lo que queda pagada de sus aportaciones matrimoniales y mitad de gananciales. A la heredera Doña Josefa Gil y Gómez se le adjudicaron 5.489,64 pesetas de las que se descuentan 3.279 pesetas que ya recibió de su padre como anticipo, entregándosele la cantidad de 1.262 pesetas además de títulos de la Deuda Perpetua del Estado. Todas estas cantidades suponen la cantidad de 5.489,64 pesetas que le fue adjudicada, quedando pagada de su legítima paterna. El heredero D. Román Gil y Gómez recibió también 5.489,64 pesetas de las cuales 83,94 fueron en efectivo, 1.426, 52 en títulos de la Deuda Perpetua además de ropas del finado, ropas del heredero, joyas, ropas de casa, entre las que se encuentra una medalla de notario de oro y dos retratos representando al finado y su segunda esposa. También recibió varios retratos pequeños de personas de la familia así como la Historia de España por Lafuente y parte del resto de libros de la casa. Suman todos efectos 3.330, 95 pesetas recibiendo el resto del importe en préstamos. Por todos estos efectos recibió 5.489,64 pesetas de su legítima paterna por lo cual quedó pagado.

Por su parte el heredero D. Gonzalo Gil y Gómez debe recibir 5.000 pesetas por su legítima materna (unas 200.000 pesetas a día de hoy) así como 5.489,64 pesetas por su legítima paterna. A cambio de sus bienes recibió un anticipo de 500 pesetas (a manos del albacea D. Eusebio Casares) así como títulos de la Deuda Perpetua del Estado por valor de 5.340 pesetas, alhajas, ropas de uso del finado (entre las que se encontraba una capa de terciopelo negra así como una espada y libros). También recibió créditos hipotecarios entre los que se encontraba un crédito contra la Diputación Provincial de Madrid por su trabajo como notario de la Corporación. Con todo lo anterior quedó pagado de sus legítimas tanto maternas como paternas.

El heredero Don Juan Gil y Gómez, por su parte, debía recibir tanto la legítima materna como la paterna. Por la legítima materna recibiría 5.341,31 pesetas y por la legítima paterna la cantidad de 5.489,64 pesetas sumando en total la cantidad de 10.830,95 pesetas. Se le adjudicó a D. Juan Gil 6,20 pesetas en metálico además de títulos de la Deuda Perpetua del Estado por valor de 1.306 pesetas. Además de ello, se le adjudicaron varias alhajas entre las que se encontraban joyas y cubertería de plata. También se le adjudicó la medalla de oro de la Academia Matritense del Notariado. Junto a todo ello, recibió D. Juan ropas de uso del finado, sus propias ropas, ropas de casa, muebles de la casa (entre los que se encontraban el piano, por lo cual hemos de entender que sabía tocarlo). También se adjudicó una escopeta de un cañón de las dos inventariadas. También se adjudicó diversos libros como los diccionarios de la Lengua castellana, el diccionario Geográfico Madoz, así como numerosos libros de leyes por lo que hemos de inferir que debía ser abogado. Así mismo recibió en pago de sus legítimas créditos hipotecarios. Todo ello suponía una cantidad de 10.830,95 pesetas por lo que quedaba pagado de su haber por legítimas.

En lo que respecta a su otra heredera, la señorita Doña Misericordia Gil y Abad, recibió 13.109,89 pesetas, de las cuales 7.620,23 por el remanente del quinto y la mejora del tercio y otras 5.489,64 pesetas por la legítima paterna. En pago recibió la capitalización de parte de la casa de la calle de la Cabeza y otra parte por su participación en la casa de la Calle Eguiluz. Por tanto esta heredera mejorada queda pagada con las participaciones en dichas fincas. Hemos de recordar que D. Román mejoró la herencia de los hijos de su segundo matrimonio puesto que a todos los hijos del primer matrimonio les había pagado carreras universitarias, menos a su hija Josefa, razón por la cual y a modo de compensación mejoró las herencias de sus hijas del segundo matrimonio (con Doña María

Antonia Abad[24]). Igual cantidad y reparto recibió su heredera doña Purificación Gil y Abad. El mismo caso ocurrió con la heredera doña Enriqueta Gil y Abad. La heredera doña Anunciación Gil y Abad recibió la misma cantidad y reparto que sus hermanas. El heredero don Luis Gil y Abad recibió similares cantidades y medios de pago que sus hermanas. Igual caso ocurrió con su heredera doña Mercedes Gil y Abad. Todos los hijos del segundo matrimonio recibieron como medio de pago su participación en las dos viviendas que tenían en calle de la Cabeza y calle Eguiluz.

En relación con la heredera in stirpe (es decir hijos de herederos que han fallecido) Doña Mercedes Gil y García[25] a esta le corresponde la mitad de la legítima que le hubiera correspondido a su difunto padre D. Enrique Gil y Gómez, cantidad que supone 2.744,82 pesetas. Para hacer frente a esta cantidad se le adjudicaron 1.794,82 pesetas en títulos de la Deuda Perpetua, títulos depositados en la Caja General de Depósitos. Así mismo se le adjudicaron dos créditos personales que había recibido el padre de esta D. Enrique Gil y Gómez. De esta manera queda pagada de su legítima descontándosele, por tanto, la mitad de los créditos de su padre de la cantidad que debían recibir por legítima. La otra heredera in stirpe, Elvira Gil García, recibió la misma cantidad que su hermana quedando pagada con los mismos títulos de la Deuda Perpetua y descontándosele la mitad de los préstamos que recibió su padre. Esas cantidades suponen aproximadamente unos 100.000 euros a día de hoy.

Se designa al heredero D. Juan Gil y Gómez, como abogado, encargado del pago de las deudas inventariadas que tenía D. Román con otras personas. Estas deudas suponían una cantidad de 7.250,50 pesetas. Para hacer frente a esas deudas se venden acciones de la Deuda Perpetua por igual cantidad de las deudas reconocidas.

De los bienes en Almagro se adjudican al heredero D. Román Gil[26] los dos olivares que D. Román Gil y Masegosa tenía en dicha ciudad. Dicha adjudicación se produce con la condición de que D. Román los cuide y conserve, administrándolos por si mismo o por medio de terceras personas. Debe hacerlo con la diligencia de un "*celoso administrador*". Los gastos se pagarán con los ingresos de estas y si con estos no se alcanzara a pagar los gastos el déficit será cubierto por todos los herederos de D. Román Gil y Masegosa, contribuyendo cada uno con la cantidad proporcional a su respectiva participación. Por el contrario si hubiera déficit se prorrateará entre los herederos. Se realizarán las gestiones para la venta de dichas fincas. Todas las decisiones se tomarán mediante la votación de los partícipes mayores de edad o sus representantes en caso de ser menores. Una vez vendidas las fincas, el precio se partirá entre los copartícipes. En dicha finca no tiene participación Doña Antonia Abad puesto que fue aportada al matrimonio. En la segunda finca, Las cuatrocientas, si tiene participación Doña Antonia Abad puesto que si fue comprado dentro del matrimonio.

Por último en la testamentaría se hace saber que si aparecieran bienes hasta aquel momento desconocidos deberán ser distribuidos entre sus hijos y herederos en la misma proporción de legítimas y mejoras que en dicha testamentaría se han observado. D. Juan Gil y Gómez[27] actúa en

---

24 Doña Antonia Abad tenía 46 años a la fecha de realización del testamento. Residía en calle Eguiluz, 2. Con ella residía igualmente doña Misericordia Gil y Abad, de 16 años, soltera, sin profesión y doña Enriqueta Gil y Abad de 12 años cumplidos, soltera. Su hermano, Don José Abad, tenía 41 años, estaba casado y tenía por profesión la de zapatero.

25 Mercedes Gil y García era hija de D. Enrique Gil y Gómez, médico fallecido ejerciendo su profesión en Sayalonga (Málaga). De su matrimonio con Doña Rosario Gil le sobrevivieron dos hijas, Mercedes y Elvira.

26 Román Gil era licenciado en derecho

27 D. Juan Gil y Gómez en la fecha de realización de la escritura tenía 25 años de edad, estaba casado y era abogado de Madrid, con dirección en calle del Salvador, 3, por sí y como apoderado de doña Rosario García Parra, madre y

representación de Doña Rosario García Parra, madre y representante legal de las menores Doña Mercedes y Doña Elvira Gil y García, en virtud de un poder que doña Rosario concedió a D. Santos Fernández en Torrox, provincia de Málaga el 26 de enero de 1885 ante el notario D. Rafael María Rojas. Por parte de la viuda de don Román se nombran como curador del testamento a su tío materno D. José Abad y Cadenas. Por edicto del juez D. José Rodríguez Zapata, juez de primera instancia del Distrito de Palacio, juez encargado del expediente del testamento de D. Román Gil se hace constar que no se habían sometido a las aprobación las cuentas de la heredera Doña Josefa Gil (según escrito presentado por estos), casada con D. Juan Martín, quienes por algún motivo habían dejado de asistir a las juntas. Igualmente Doña Josefa y su esposo fueron notificados en fecha y forma sin que hicieran oposición alguna. Debido a este motivo se aprueban por el escribano las operaciones testamentarias, protocolorizándose y registrándose en los registros del notario D. Bruno Pascual, quien fue designado por los interesados. Se puede inferir que Doña Josefa y su marido, si bien habían estado de acuerdo con todo el proceso desde el inicio, sin embargo finalmente no estaban de acuerdo con la solución dada a los olivares de Almagro. Sin embargo, y como todo el proceso se había seguido en tiempo y forma sus alegaciones fueron desestimadas, finalizándose el proceso de testamento en ese momento

Imagen: *Doña Elvira Gil García. Nieta del notario D. Ramón Gil Masegosa*

Otro dato que obtenemos, al leer entre líneas la testamentaría de D. Ramón Gil, es como tras su muerte, su segunda mujer, Doña Antonia Abad se traslada a vivir a la vivienda que le fue adjudicada en calle Eguiluz junto con sus siete hijos, todos menores de edad por aquel momento. Por su parte, en la vivienda familiar en calle del Salvador (hasta la muerte de D. Román) se traslada el hijo D. Juan con su mujer (no nos consta que por aquel entonces tuviera hijos) así como su hermano Gonzalo, mayor de edad, aunque por aquella época se encontraba estudiando, razón por la cual no tendría una renta suficiente para su emancipación. Su hermana, Josefa, que se había casado años

---

representante legal de sus hijas menores Doña Mercedes y Doña Elvira Gil y García.

antes, residía en otro domicilio junto con su esposo. Sobre la vivienda familiar de calle del Salvador al no mencionarse en la testamentaría hemos de suponer que debía ser propiedad de la notaría de D. Ramón Gil Masegosa.

Imagen: *El Dr. Enrique Gil Gómez. Hijo de D. Ramón Gil Masegosa*

Imagen: *Importe total de la cantidad incluida en el testamento. Fuente: Testamento Román Gil*

Relación de propiedades adquiridas
por
Nicolás de Miniussir y Giorgeta
en
Almagro, durante los años 1840-1841, procedentes de la
Desamortización de Mendizábal.

Fuente: Francisco José Martínez Carrión.

Boletín Oficial Provincia de Cáceres (1840-1841).

Revista de Arte y Pensamiento de Campo de Calatrava.

I Época. Nº 5. Diciembre 2014 (181-199).

Transcripción: Isabel Saiz Giorgeta y Francisco Coloma Colomer.

Fuente: *Isabel Saiz Giorgeta y Francisco Coloma Colomer*

-Olivar, nombrado Los Cuatrocientos, con 418 pies (Convento Dominicos): 11.350 reales.

Imagen: *Olivar los Cuatrocientos. Fuente: Francisco Coloma Colomer*

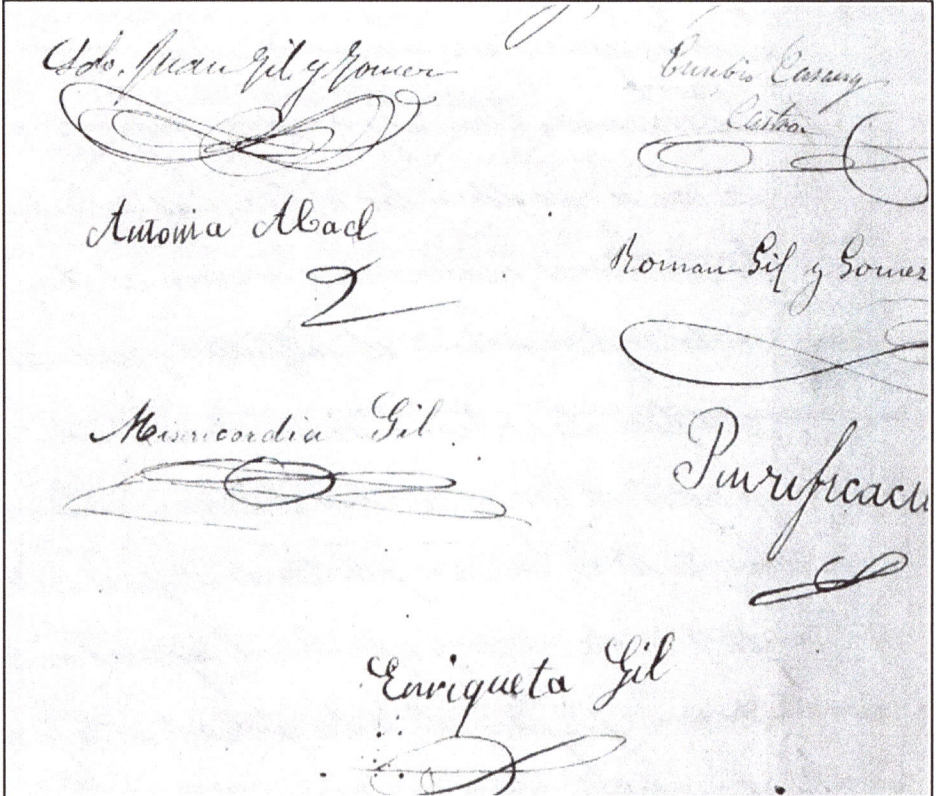

Imagen: *Firmas de parte de los herederos de D. Román Gil. Su hijo Juan Gil firma como Licenciado puesto que era Licenciado en Derecho.*

De izq. a der.: Sofía Kermaschi y George, Nicolás de Miniussir y Giorgeta, César Giorgeta Kermaschi (hijo de ambos) y Giacomo Miniussir (hermano de Nicolás).
(Fotografía familiar del año 1963).

Fuente: *Isabel Saiz Giorgieta y Francisco Coloma Colomer*

A Cuba, por no tener seis mil reales.

Semanario El Motín, 1885.

Imagen: *Soldado enviado a la Guerra de Cuba por no tener seis mil reales. Fuente: HoyLaZarza*

Imagen: *Hombre del siglo XIX ataviado con su medalla y banda de una orden civil, vestimenta que podría llevar D. Román en muchos momentos. Fuente: Museo del Romanticismo. La moda masculina durante el siglo XIX.*

Imagen: *Silla tapizada en damasco de seda. Fuente: Alany*

Imagen: *Lámpara colgada para petróleo del siglo XIX. Fuente: Todocolección*

Imagen: *Piano vertical siglo XIX. Fuente: Todocolección*

Imagen: *Silla de estilo Vitoria. Hasta 1850 estas sillas, fabricadas en Vitoria, fueron muy utilizadas tanto en hogares como en hostelería. Fuente: El correo*

Imagen: *Estufa para calentar planchas siglo XIX. Fuente: Todocolección.net*

Imagen: *Cómoda de caoba s. XIX. Fuente: Todocolección*

Imagen: *Historia general de España de Lafuente. Siglo XIX. Fuente: Iberlibro.com*

Imagen: *Casa de D. Román Gil en Calle de la Cabeza vuelta a Calle Jesús y María*

Imagen: Escudo heráldico en la vivienda de D. Román Gil. Al ser la vivienda de nueva construcción podía ser este su escudo de armas.

Imagen: *Dimisión del cargo de Notario de la Beneficencia provincial. Lunes 18 de agosto de 1884. Fuente: Biblioteca Nacional de España*

Imagen: *Información de su trabajo como agente de negocios. Fuente: Biblioteca Nacional de España*

Imagen: *D. Eduardo Dato. A él le otorgó un préstamo de 142 pesetas D. Ramón. A día de hoy ese préstamo supondría unos 6.000 Euros.*

Escribanías. El miércoles se comunicó una real órden por la cual quedaban caducadas las habilitaciones para despachar las escribanías que sirvieron en esta córte los notarios actuarios de los juzgados de la misma don Pedro Clemente Marín, don Francisco Montoya, don José Marín, don Celestino de Ansólegui, don Nicolás Ortiz, don Manuel Franco y don José García Varela, fueron concedidas á los actuales notarios don Rafael Casas, don Roman Gil Masegosa, don Cipriano Martinez, don Antonio Valero y García, don Demetrio Ortiz, don Atanasio Ventura Ramos y don Pablo de la Lastra; y en su consecuencia S. M. se ha dignado proveer seis escribanías de actuaciones para los negocios civiles de los juzgados de esta córte, y nombrar para desempeñarlas á don José Juan Clemente, notario de Madriguera en la audiencia de

Imagen: *Concesión escribanía. La España. 16 de octubre de 1863*

Imagen: Palacio de los marqueses de Benamejí en Córdoba. A ellos entregó un préstamo D. Román. Fuente: Wikipedia

En virtud de providencia del Sr. D. Luis Alarcon, Juez de primera instancia del distrito de Palacio de esta capital, refrendada del Escribano D. Roman Gil y Masegosa, se cita, llama y emplaza á D. Juan Ramon Ruiz, vecino de esta corte, cuyo paradero se ignora, para que en término de segundo dia, contado desde la insercion de este llamamiento en la *Gaceta* oficial, se presente ante el referido Escribano con el objeto de hacerle saber la adjudicacion del tercer quiñon de la heredad de tierras que perteneció á la escuela del pueblo de los Santos de la Humosa, número 448 del inventario de esta provincia, que en 14 de Julio del año último remató por la cantidad de 9.500 rs.; apercibido que si deja trascurrir dicho término se le considerará como notificado, y desde el siguiente dia correrán los 15 marcados por la ley para verificar el pago del primer plazo, y no verificándolo se le tendrá por incurso en la multa de 1.000 rs. que deberá satisfacer dentro de un nuevo término de tres dias subsiguiente al anterior, ó en su defecto presentarse en la cárcel pública de esta corte á sufrir 100 dias de prision, conforme á lo dispuesto en los artículos 38 y 39 de la ley de 11 de Julio de 1856.   821

Imagen: *Providencia conde actúa D. Ramón como Escribano del Juez de primera Instancia del Distrito de Palacio. Gaceta de Madrid. 24 de febrero de 1860. La Gaceta de Madrid fue el antecedente del Boletín Oficial del Estado (BOE).*

CAJA UNIVERSAL DE CAPITALES.

FORMACION DE CAPITALES, RENTAS Y DOTES.

CONSTRUCCIONES URBANAS.

EXENCION DEL SERVICIO DE LAS ARMAS

Los fondos se invierten en la construccion de casas ó en Deuda pública á voluntad de los sócios.

DIRECTOR GENERAL:
Señor don José Luis Retortillo,
diputado á Córtes y propietario.

Garantía hipotecaria.

Seguridad absoluta para los fondos.

DELEGADO RÉGIO.
Señor don Antonio María Fernandez.

JUNTA INTERVENTORA.

Excmo. señor don Pedro Goossens, ex-consejero de Ultramar.
Señor don Sabino Ojero, banquero y propietario.
Ilmo. señor don Antonio Navarro y Casas, ex-consejero real.
Señor don José Canalejas, ingeniero y propietario.
Excmo. señor marqués de Villaseca.
Ilmo. señor don José Gelabert y Hore.

Señor don Ángel Barroeta, diputado á Córtes.
Señor don Manuel Gomez Bonilla, jefe honorario de administracion.
Excmo. señor don Mariano Perez de los Cobos, brigadier de ejército y diputado á Córtes.
Señor don Ángel María Dacarrete, jefe de administracion.
Señor don Rafael Calarte, propietario.

LETRADOS CONSULTORES.
Excmo. señor don Manuel Alonso Martinez, ministro que ha sido de Fomento y diputado á Córtes.
Señor don Ricardo de Aizugaray, diputado á Córtes y propietario.

NOTARIOS DE LA COMPAÑIA.
Señor don Mariano García Sancha, doctor en derecho.
Señor don Roman Gil Masegosa.

ARQUITECTO.
Señor don Cárlos Gondorf.

Fianza depositada en el BANCO DE ESPAÑA y en la CAJA GENERAL DE DEPÓSITOS

500 000 REALES VELLON EFECTIVOS.

NÚMERO DE SUSCRITORES: 10.617.—CAPITAL SUSCRITO: 64.100.000.

DIRECCION GENERAL:
Madrid, Príncipe, 12, principal.

Esta Sociedad está competentemente autorizada por el Gobierno de S. M. despues de haber cumplido con todas las formalidades exijidas por la ley, y de acuerdo con el parecer del Consejo de Estado.

Sus operaciones se sujetan en un todo á los Estatutos aprobados por el Gobierno; y en todas ellas interviene una Junta de sócios, elegidos por los mismos, y el delegado del Gobierno. Además, la Direccion tiene depositada una respetable fianza.

Los fondos se emplean únicamente en construir casas, que se venden en pública subasta y en títulos de la Deuda del Estado, de las provincias y de los municipios, siempre que devenguen interés y hayan sido emitidos con la competente autorizacion.

Todo el que quiera puede tomar parte en los beneficios de la Sociedad, teniendo completamente asegurados el capital y los intereses.

Actualmente, la Sociedad está construyendo cuatro casas, frente á la nueva Aduana, á los Docks, y al nuevo cuartel de Carabineros, y otra en la calle de Recoletos, núm. 2, y para garantía del público se permite la entrada para que examine las obras.

La Direccion ha procurado rodearse de personas de renombrada inteligencia y de reconocido crédito para que la aconsejen en sus operaciones, como letrados, notarios y arquitectos, y abriga la confianza de obtener grandes beneficios para sus sócios.

Los solares se compran mediante concurso público; las obras de construccion se contratan por subasta pública; y por subasta pública tambien se procede á la venta de las casas.

Se dán cuantos pormenores se deseen, en las oficinas de la Direccion, Príncipe, 12, y en casa de los representantes en las provincias.

Mediante aviso, se pasará á casa de los que así lo soliciten.

Imagen: *Recorte de prensa donde aparece como notario de la compañia Caja Universal de Capitales D. Román. Esta sociedad se dedicaba a construir casas para ser vendidas en pública subasta así como a la compra de títulos de Deuda del Estado, provincias o municipios. Información del Contemporáneo de 21 de junio de 1865.*

> **VENTA DE BIENES NACIONALES.**
> **PROVINCIA DE MADRID.**
>
> Remate para el dia 12 de febrero de 1859, de doce á una de la tarde, en las casas consistoriales de esta córte, ante el señor juez de primera instancia del distrito del Norte y escribano don Roman Gil y Masegosa.
>
> **BIENES DE CORPORACIONES CIVILES.**
>
> *Propios.—Rústica*
>
> **PARTIDO DE GETAFE:**
>
> LEGALES.
>
> *Mayor cuantía.*
>
> Numero 3035 del inventario.—La 1ª suerte de prado, sita en el punto nombrado del Pradillo, término de Leganés, procedente de propios, de 1.ª clase y de 7 fanegas 6 celemines, equivalente á 2 hectáreas 56 áreas y 71 centiáreas. Linda N. el arroyo, M. y P. la cacera, y L. suerte del núm 2; tasada en 22,500 rs. y capitalizada por la renta de 1,125 rs. que la han graduado los peritos, en 25,312 reales y 50 céntimos, tipo para la subasta.

Imagen: *Providencia conde actúa D. Román como Escribano del Juez de primera Instancia del Distrito de Palacio. Gaceta de Madrid. 24 de febrero de 1860. La Gaceta de Madrid fue el antecedente del Boletín Oficial del Estado (BOE).*

> **JUDICIAL.**
>
> Por el juzgado de Palacio y escribano don Roman Gil y Masegosa, se llama á don Juan Ramon Ruiz para que se presente con objeto de hacerle saber la adjudicacion del tercer quiñon de la heredad de tierras que perteneció á la escuela del pueblo de los Santos de Humosa.

Imagen: *Recorte donde se dice que D. Ramón actuaba como Juez de primera instancia del distrito del Norte y Escribano. Fuente: La Discusión. Biblioteca Nacional de España.*

4. BIBLIOGRAFÍA

ARCHIVOS CONSULTADOS

. Archivo histórico de protocolos Comunidad Autónoma de Madrid

. Archivo Histórico Nacional

. Biblioteca Virtual de Prensa Histórica

. Biblioteca Nacional de España

.Biblioteca Virtual de Andalucía

. Biblioteca Pública Arús

.Wikipedia

.Gobierno de España

.Ministerio de Justicia. Títulos nobiliarios y Grandeza

LIBROS Y ARTÍCULOS CONSULTADOS

.Díez de los Ríos San Juan, T (2013). El archivo general de Escrituras Públicas y el El Archivo Histórico de Protocolos de Madrid. *Biblioteca Virtual de Madrid*. Madrid

.Álvarez-Coca González, M.J. (1987). "*La figura del Escribano*". Anabad, XXXVII,*4*.

. Barrios Fernández, P (2021). De Escribanos a Notarios. Apuntes para una historia del notariado español. *Basconfer.* Madrid.

5. ANEXOS

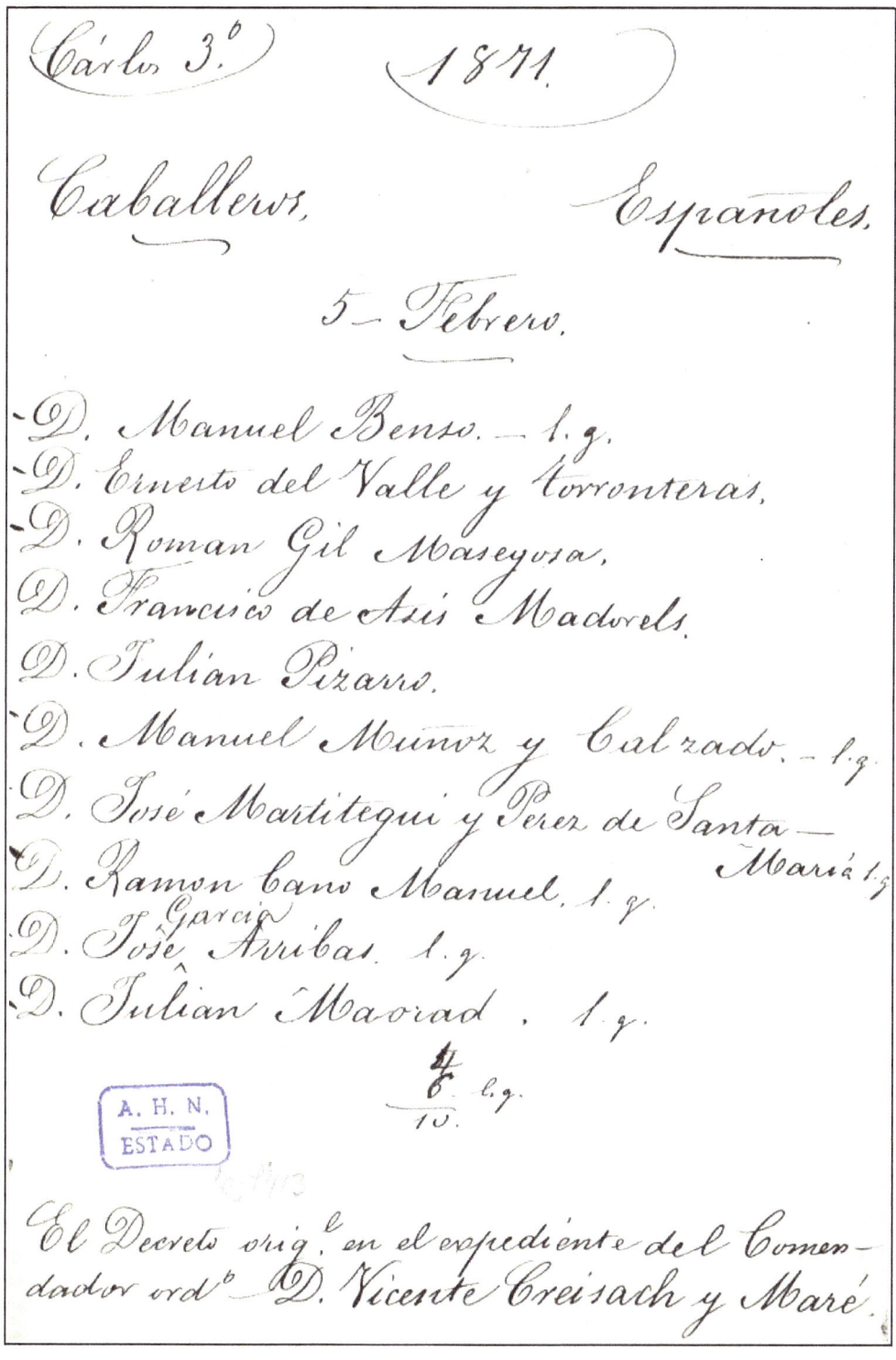

Cárlos 3.º) 1871.

Caballeros, Españoles.

5 – Febrero.

- D. Manuel Benso. — 1.g.
- D. Ernesto del Valle y Torronteras.
- D. Roman Gil Maseyosa.
- D. Francisco de Asis Madorels.
- D. Julian Pizarro.
- D. Manuel Muñoz y Calzado. — 1.g.
- D. José Martitegui y Perez de Santa María 1.g
- D. Ramon Cano Manuel. 1.g.
- D. José Garcia Arribas. 1.g.
- D. Julian Maorad. 1.g.

$\frac{4}{6}$ 1.g.
$\overline{10}$

A. H. N. ESTADO

El Decreto orig.l en el expediente del Comendador ord.º D. Vicente Creisach y Maré.

MINISTERIO DE ESTADO.

SUBSECRETARIA.

Ilmo. Sor.

S. M. el Rey (q. D. g.) se ha dignado conceder, por Decreto de esta fecha, Comendadores ordinarios de la Real y distinguida Orden de Cárlos III á Don Vicente Cresach y Maré, Don José Gomez del Valle, Don Alejandro Pellicer y Reus, Don José Lison y García y Don Ricardo de Rada y Martinez, á este último libre de gastos con arreglo á la Ley de presupuesto de mil ochocientos cincuenta y nueve y Caballeros de la misma Orden á Don Manuel Benso, Don Ernesto del Valle y Torronteras, Don Roman Gil Musgosa, Don Francisco de Asís Vladerals, Don Julian Pizarro, Don Manuel Muñoz y Calzado, Don José Martitegui y Perez de Santa Maria, Don Ramon Cano Manuel, Don José Arribas y Don Julian Macorado á estos cinco último libro de gastos con arreglo á la citada Ley.

De Real Orden lo digo á V.M. para su conocimiento y efectos consiguientes.

Dios guarde á V.M. muchos años. Palacio 5 de Febrero de 1871.

Sor. Secretario de las Órdenes.

Se ha tomado razon en esta Contaduría de las Reales Ordenes de Carlos III é Isabel la Católica, de mi cargo, del papel de reintegro por valor de *doscientas cincuenta pesetas*

que ha entregado en la Tesorería de las mismas *D. Roman Gil Zaragoza*

por derechos de título de *Caballero de Carlos Tercero*

Lo que participo á V. S. para su gobierno.

Dios guarde á V. S. muchos años. Madrid 24 de *Febrero* de 1871.

5 Febrero 1871.

Sr. Secretario de las Reales Ordenes

Testamentaria del Señor Don Roman Gil y Masegosa.

Inventario y avalúo de los bienes quedados al fallecimiento del Señor Don Roman Gil y Masegosa. Los espresados bienes son los que con sus valores asignados por el perito que firma y certifica se describen á continuación.

Metálico

Año VII. Domingo 26 de Diciembre de 1858. Núm. 341.

BOLETIN DEL NOTARIADO.

REVISTA NOTARIAL, JURÍDICA, CIENTÍFICA, LITERARIA, ARTÍSTICA, PALEOGRÁFICA Y DE ARCHIVOS.

ÓRGANO OFICIAL de los depositarios de la fé pública.

ADVERTENCIA.

En el número siguiente verán nuestros lectores las mejoras que introducimos en el BOLETIN para el año próximo.—Entretanto, y con el fin de quedar al corriente á fin de año en la parte oficial, retiramos los demas originales.

SECCION DOCTRINAL.

Colegio de Notarios de Madrid.

En la Junta general, celebrada el domingo último, fué nombrada la de Gobierno para el año próximo, en la forma siguiente:

Decano.

Señor don Juan Miguel Martinez.

Tesorero.

Señor don Ildefonso de Salaya.

Contador.

Don José María de Póo.

Auxiliar.

Don José Ruano.

Secretario 1.º

Don Luis Gonzalez Martinez, que lo era segundo.

Secretario 2.º

Señor don José Gonzalo de las Casas.

Vocales.

Primero.—Don Sebastian Carbonell.
Segundo.—Don Roman Gil Masegosa.
Tercero.—Don Damon Espuñez.
Cuarto.—Señor don José Anduaga Martinez.
Quinto.—Señor don Segundo Avendibar.
Sesto.—Don Federico Alvarez.

Entre los varios acuerdos que tomó la Junta, merece digna mencion el establecimiento de una ACADEMIA CIENTIFICO-PRACTICA DEL NOTARIADO en local propio del Colegio, donde se establezca tambien una Biblioteca particular y el Archivo del Colegio. Esta idea, proclamada por nuestro periódico hace muchos años, fué acogida y propuesta al Colegio en el año último por el digno Decano, señor Martinez, y reproducida en el presente por los Notarios señores Callejo y Gonzalo de las Casas, habiendo sido aprobada por el Colegio por unanimidad, si bien no se llevará á efecto hasta que se publique la nueva ley del Notariado, para que pueda establecerse en armonía con la nueva ley.—Cuando este caso llegue, la ACADEMIA CIENTIFICO-PRACTICA DEL NOTARIADO y el local que ocupe serán dignos del Colegio de la córte de España y su provincia.

El BOLETIN, que tanto ha trabajado en pro de esta idea, no puede escusarse de felicitar al Colegio por el buen sentido de que se halla poseido, y al dar esta noticia á sus lectores tiene tambien que consignar su gratitud por la muestra de deferencia dada á nuestro Director con el nombramiento de Secretario, pues que

Comprobación

Importa lo adjudicado:
A la Señora viuda .... " .. 4024
A la heredera Doña Josefa,
deducida colación .... " .. 2210
Al heredero Don Hernan .... " 10 830
Al heredero Don Gonzalo .... " 10 489
Al heredero Don Juan .... " 10 830
A la heredera Dª Misericordia .. " 13 109
A la heredera Dª Eurosinia ...... " 13 109
A la heredera Dª Enriqueta ..... " 13 109
A la heredera Dª Inmaculada ... " 13 109
Al heredero Don Luis .... " 13 109
A la heredera Dª Mercedes Gil y Pª " 13 109
Al heredero Don Antonio .... " 13 109
A la heredera Dª Mercedes Gil y García .. 2 744
A la heredera Dª Elvira Gil y García .. 2 744
Deducido por las deudas in-
ventariadas .... " . 7 250
Deducido por gastos de entierro,
funeral y mandas .... " .. 1 480
Deducido por gastos de tutela " .. 228
      Suma ..... " 144,550

D. Cándido Capilla: Concepción Jerónima, 4.

Escribanos del número.

D. Fermin Gutierrez Gomara: Puerta Cerrada, 17.
D. Manuel García Rodrigo: Postigo de San Martin, 1.
D. Juan Francisco Morcillo: Costanilla de San Justo, 1.
D. Vicente Callejo: Fuencarral, 93 duplicado.
D. Santiago Urdiales: Plazuela del Angel, 10.

Mediodía. Juez, Sr. D. Severo Montalvo: Corredera de San Pablo, 10.
Promotor, D. José Piñuaga: Ballesta, 30.

Escribanos del crimen.

D. Pedro Lopez: Juanelo, 3.
D. Mariano Gomez: Visitacion, 4.
D. José García: Pozo, 4.

Escribanos del número.

D. Rafael Casas: Arenal, 11.
D. Roman Gil y Masegosa: Huertas, 40.

Procuradores.

D. Félix Bazan: Embajadores, 4.
D. Pablo Soler: Atocha, 70.
D. Eusebio Casaés: Gobernador, 1.

Norte. Juez, Sr. D. Juan Menendez: Colon, 5 y 7.
Promotor, D. Mariano Armesto y Hernandez: Hortaleza, 39.

Escribanos del crimen.

D. Jorge Réboles: San Lorenzo, 5.
D. Francisco de Paula Morales: Espíritu Santo.
D. José Miller: San Marcos, 5.

Escribanos del número.

D. Cárlos Gonzalez de Bernedo: Fuencarral, 18.
D. Juan Perea: en el mismo juzgado.

Procuradores.

D. Manuel Balagué: Mayor, 114.
D. Manuel Martin y Veña: San Mateo, 12 y 14.
D. José Cirilo Diaz: Paseo de Luchana, 3.

DE MARINA EN LA CÓRTE.

Calle de San Roque, núm. 1.

Auditor, Sr. D. Mariano Perez Luzaró: San Roque, 1.
Promotor fiscal, D. Pablo Lopez de la Higuera: Magdalena, 7.
Escribano, D. José del Peral: Plaza del Progreso, 12.

GIL MASEGOSA, Román.
Leg. 7.413, núm. 38, año 1871.
Caballero.

GIL Y MORENO, Pedro.
Leg. 7.434, núm. 112, año 1885.
Caballero.

GIL Y MUNICIO, Pedro.
Leg. 7.431, núm. 20, año 1883.
Leg. 7.434, núms. 224-231, año 1886
Caballero-comendador.

GIL DE OLMEDILLA, Rafael.
Leg. 7.405, núm. 39, año 1865.
Comendador.

GIL OSORIO, Ramón*.
Leg. 7.392¹, núms. 87-88, año 1854
Leg. 7.637, núm. 55, año 1854
Comendador

GIL DE LAS REVILLAS, Juan José.
Leg. 6.286¹, núm. 23, año 1835.
Leg. 7.440, núm. J-2, año 1835.
Supernumerario.

GIL DE LOS REYES, Federico*.
Leg. 7.416, núm. 26, año 1872.
Comendador.

GIL Y RUBIA, Juan*.
Leg. 7.413, núm. 21, año 1871.
Caballero.

GIL Y SACRISTANA, Manuel*.
Leg. 7.408¹, núm. 45, año 1867
Caballero.

GIL Y SANCHEZ, Manuel.
Leg. 7.429, núm. 80, año 1882.
Caballero.

GIL DE SANTIBAÑEZ, Manuel.
Leg. 6.288, núm. 31, año 1839.
Leg. 7.368, núm. 345, año 1815.
Leg. 7.370, núm. 92, año 1839.
Supernumerario.

GIL DE SANTIVAÑEZ Y CHAVARRI, Arturo*.
Leg. 7.412, núm. 30, año 1870.
Caballero.

GIL Y SATORRAS, Tomás.
Leg. 7.455, núm. 40, año 1865.
Caballero.

GIL Y TALENS, Felino*.
Leg. 7.408, núm. 15, año 1867.
Leg. 7.624, núm. 2, año 1866.
Comendador.

GIL DE URIBARRI, Ramiro*.
Leg. 7.414², núm. 87, año 1871.
Leg. 7.421, núm. 39, año 1878.
Caballero.

GIL VILLANUEVA, Jacobo.
Leg. 7.431, núm. 17, año 1883.
Caballero.

GIL ZARATE, Antonio.
Leg. 6.287, núm. 36, año 1838.
Supernumerario.

GIL Y ZARATE, Antonio.
Leg. 6.293, núm. 16, año 1847.
Leg. 7.379¹, núms. 38-51, año 1847.
Leg. 7.443, núm. C-4, año 1843.
Comendador-Supernumerario.

GILART Y BOQUE, Juan*.
Año 1924.
Caballero

GILBERT.
Leg. 6.362¹, núm. 60, año 1824
Cruz.

GILBERT, Andre*.
Año 1918.
Comendador.

GILBERT, Antonio.
Leg. 7.420, núm. 135, año 1877.
Caballero.

GILBERT, Emile*.
Año 1913.
Caballero.

GILBERT DANDE DE JARDIEN, Enrique*.
Año 1869.
Caballero

GILDENHUIS, J*.
Leg. 7.415, núm. 75, año 1872.
Caballero.

NOTARIA Y ESCRIBANIA
de
D. Roman Gil y Masgosa
C.ᵉ del Salvador, n.º 3, 2.º dcha.

Sr. D. José Luis Retortillo como Director
de la Caja Universal de Capitales

———— Madrid 30 de Marzo de 1868 ————

Fechas		R.ᵒⁿ	C.ˢ
21 Enero	Escritura de compromiso en amigables componedores para dirimir las reclamaciones suscitas con Don Alfred Oppermann matriz y copia con los testimonios unidos	460	
	Escritura de prorroga del termino fijado á los amigables componedores	96	
	Por las diligencias y copia de la sent.ª	104	
	Papel suplido	530	
	Importa mil ciento noventa r.ᵛ	1190	

Imagen: *Sayalonga (Málaga) en los años 40 del siglo XIX. La imagen es muy parecida a la que se encontró D. Enrique Gil y Gómez cuando llegó por primera vez a dicha localidad.*

Imagen: *Plaza mayor de Almagro (Ciudad Real). Esta debería ser la imagen que conoció D. Román en su época*

www.ingramcontent.com/pod-product-compliance
Lightning Source LLC
Chambersburg PA
CBHW051538240526
45465CB00027B/694